KB260327

지옥의 역사 Ⅱ

앨리스 K. 터너 지음 / 이찬수 옮김

동연

15. 지옥의 두 번째 강(스틱스)을 건너는 단테와 베르길리우스

단테의 『신곡』 「지옥편」에 그려진 삽화. 15세기의 것이다. 스틱스 강은 상부 지옥과 하부 지옥의 경계가 되며, 또한 오른쪽에 보이는 디스 시City of Dis 성곽의 해자이기도 하다. 강물 속에서 분노하는 자들은 서로를 쥐어뜯고, 게으른 자들은 숨을 헐떡이며 흙탕물을 삼키고 있다. 단테와 베르길리우스는 왼쪽에 보이는 큰 망루 아래서 플레귀아스의 배를 타고 강을 건너 오른편에 보이는 디스 시 안으로 들어간다.

16. 산 지오반니 성당 세례실의 천정 모자이크 화.

피렌체에 위치한 산 지오반니 성당 세례실의 반구형 천장에 그려진 이 대작(大作) 모자이크 화가 1300년에 제막되었을 때, 사람들의 반응은 엄청났을 것이다. 단테의 「지옥편」에 등장하는 몇몇 이미지도 이 모자이크 화에서 빌려 쓴 것이다. 사탄의 귀와 왕좌에 달린 입을 눈여겨 보기 바란다.

17. 최후의 심판 Last Judgment

단테는 1302년 추방된 뒤, 파도바에 가서 지오토Giotto를 만났다. 당시 지오토는 스크로베니 예배당Scrovegni Chapel에서 이 프레스코 화를 그리고 있었다. 죄인을 배설하는 끔찍한 사탄의 모습은 단테의 머릿속에 각인되었고, 각각의 죄인들이 서로 다른 벌을 받는 장면이 단테의 지옥 구상에 도움이 되었음을 알 수 있다. 그리스도의 권좌에서 불타는 네 개의 강이 뻗어나오고 있다.

18. 지옥 Inferno

피사의 공동묘지에 프란체스코 트라이니 Francesco Traini가 그린 「지옥」의 일부. 괴수로 그려진 사탄의 모습에서
일종의 그로테스크한 아름다움이 느껴진다.

19. 지옥 Inferno

오르카냐 또는 나르도 디 치오네Nardo di Cione가 산타 마리아 노벨라Santa Maria Novella 교회에 그린 프레스코 화의 일부. 색이 너무 바래서 잘 알아보기 힘들지만, 단테의 지옥 묘사를 충실히 따르고 있는 작품이다. 뱃사공 카 론Charon, 림보Limbo에 있는 철학자의 성, 광풍에 휩쓸린 음탕한 자들을 볼 수 있다.

20. 지옥

19번 그림의 왼쪽 아래로 이어지는 부분이다. 미노스, 돌을 굴리고 있는 구두쇠와 낭비가들,
불타는 관 그리고 새의 머리를 한 하르퓌아이 Harpies가 보인다.

21. 지옥의 저주받은 사람들 The Damned in Hell

루카 시뇨렐리Luca Signorelli가 그린 지옥. 그의 묘사는 매우 정밀하고 한편으로 포르노그래피 같은 느낌도 준다. 예수회 풍의 혼잡함이 전형적으로 드러난 작품이다.

22. 최후의 심판

미켈란젤로가 그린 「최후의 심판」의 일부분이다.

23. 최후의 심판

볼로냐의 피나코테카Pinacoteca에 그려진 「최후의 심판」. 13세기에 그려진 것으로 작자는 알 수 없다. 단테의 「지옥편」에 나오는 볼제와 볼제의 다리를 볼 수 있다.

로마의 예수회당인 제수Gesu 교회 천장화. 바치차Baciccia가 그린 것이다. 저주받은 자들이 세 방향으로 그림의 틀을 깨뜨리면서 밖으로 나와 파멸의 지옥으로 떨어지고 있다.

25. (왼쪽) 지옥으로 내려가다 Descent into Hell

왼쪽에 있는 그림은 디에릭 부츠Dieric Bouts
(1410?~1475)가 그린 제단 장식화.

26. (오른쪽) 최후의 심판

한스 멤링Hans Memling(1430?~1494)이
그린 제단 장식화.

양쪽의 그림 모두 강렬한 느낌을 준다.
플랑드르 화파의 그림답게 사탄은 없고
악귀들만 그려져 있음을 눈여겨 보기 바란다.

27. 지옥 Inferno

히에로니무스 보쉬 Hieronymus Bosch의 초기작.
보쉬가 그린 지옥은 아주 독특하다.
초기에는 비교적 '정상적' 지옥을 그렸지만,
시간이 흐름에 따라 그의 지옥은 점차 '기괴한'
모습으로 변해간다.

28. 최후의 심판 Last Judgment
히에로니무스 보쉬의 초기 작품이다.

29. 건초차 Hay-Wain

보쉬의 지옥 그림 중 후기 작품이다.
툰달의 소와 빙하가 묘사되어 있다.

30. 지복의 정원Garden of Earthly Delights

보쉬의 후기작으로서 독창적 기괴함이
두드러진다.
슬리스Slith 강을 나타내는 칼이 보이고
툰달의 새가 사탄을 대신하고 있다.

31. 반역천사들의 타락 Fall of Rebel Angels

피터 브뤼겔(아버지) Pieter Bruegel the Elder이 정열을 쏟아 그려낸 악마의 세계. 반역천사들이 공중에서 괴수와 마귀로 모습을 바꾸고 있다. 천사장 미가엘 Michael의 오른쪽에 그려진 촉수가 사탄의 것이 아니라면, 이 그림에서도 사탄은 등장하지 않는 셈이다.

32. 악녀 그리에트 Dulle Griet

지옥의 문 앞에서 악녀 그리에트를 보고 악귀들마저 무서움에 떨고 있는 장면. 이 그림 역시 피터 브뤼겔(아버지)
이 악마의 세계에 얼마나 몰두했는지 잘 보여 주는 작품이다.

33. 지옥 Inferno

헤리 메트 데 블레스Herri met de Bles(보통 일 치베타Il Civetta로 불린다)의 작품. 그는 보쉬의 추종자였다. 그림
위쪽에 있는 원형(圓形)은 아마도 보쉬의 연옥 그림에서 영향을 받은 증거일 것이다.

34. 지옥에 내려간 오르페우스Orpheus in Hell

피터 브뤼겔의 아들인 얀 브뤼겔Jan Bruegel(1568~1625)이 그린 「오르페우스Orpheus」. 지옥에 등장하는 과거의 여러 가지 요소들을 합쳐 놓았다.

35. 저주받은 자들The Damned

후기 플랑드르 화파의 거장 피터 폴 루벤스Peter Paul Rubens(1577 ~ 1640)의 작품. 루벤스 역시 아주 색다른 방식
으로 '저주받아 지옥에 떨어지는 자들'을 그린 화가들 중 하나다.

36. 카트린 드 클레브의 성무일과서 Hours of Catherine of Cleves

중세 후기에 이르면 지옥은 이처럼 애교 넘치는 모습으로 바뀐다. 이 삽화는 15세기에 그려진 것이다.

37. 지옥에 떨어진 술주정뱅이와 음탕한 자들 Drunkards and Lustful in Hell

15세기 프랑스의 『지혜의 서(書)Le tresor de Sapience』에 그려진 삽화. 지옥은 이처럼
종종 호색적인 모습을 띠었다.

38. 지옥에 떨어진 도둑들 Thieves in Hell

이 그림 역시 『지혜의 서(書)』에 그려진 삽화로서 호색적인 분위기가 두드러진다.

39. 동정녀 마리아 성무일과서 Hours of Virgin

이 삽화는 15세기 후반의 것으로서 프랑스식 악마 세계Diablerie를 보여 준다.

40. 최후의 심판

윌리엄 블레이크 William Blake의 작품이다. 그는 '최후의 심판'을 그린 최후의 거장일 것이다.

41. 성직 매매의 죄를 지은 교황 The Simoniac Pope

블레이크가 그린 단테의 「지옥편」 가운데 한 장면. 현세에서 성직을 팔아먹던 교황이
불구덩이에 거꾸로 처박혀 있다.

42. 반역 천사들을 일으키는 사탄 Satan Rousing the Rebel Angels

블레이크가 그린 밀턴의 『실낙원』의 한 장면. 사탄이 반역 천사들을 일으키고 있다.

43. 사탄과 죄와 죽음 Satan, Sin and Death
윌리엄 호가트 William Hogarth의 작품이다(1735년에서 1740년경).

44. 악마전에 들어가는 타락 천사들 The Fallen Angels Entering Pandemonium

존 마틴John Martin이 그린 밀턴의 『실락원』의 한 장면이다(1840년경).

45. 지옥의 문 The Gates of Hell

20세기 초, 오귀스트 로댕Auguste Rodin의 작품. 파리 오르세 박물관 Musee d' Orsay 소장.

지옥의 역사 Ⅱ

지옥의 역사 Ⅱ

지옥의 역사 I

1. 원문에 나오는 고유명사는 그 시대의 현지음 표기를 원칙으로 번역했다.
   플로렌스Florence → 피렌체   플랜더스Flanders → 플랑드르
   골Gaul → 갈리아   올림푸스Olympus → 올림포스
   어거스틴Augustine → 아우구스티누스   호머Homer → 호메로스
   알렉산더Alexander → 알렉산드로스   아킬레스Achilles → 아킬레우스

3. 신구약 성서를 통해 우리말로 굳어진 고유명사의 표기는 개역성서(1956)의 표기를 따르되, 제2경전(외경)의 고유명사 표기는 공동번역 성서(1977)를 따랐다. 그리고 성서 내용을 인용할 때도 공동번역을 따랐다.
   마태복음, 마가복음, 누가복음……
   미가엘Michael, 바울Paul, 에스겔Ezekiel, 바돌로매Bartholomew
   토비트, 유딧, 에스델, 지혜서, 집회서, 바룩, 다니엘, 마카베오상·하

4. 신구교의 정경(正經)에 포함되지 않은 여러 계시록들은 「요한계시록」과 구별하기 위해 「묵시록」으로 표기했다.
   Apocalypse of Paul → 바울 묵시록   Apocalypse of Peter → 베드로 묵시록

5. 원주와 역주는 후주로 처리하고, 원주에는 * 표시를 달았다.

16

연옥
Purgatory

지옥이 영원히 계속된다는 관념은 신학자들의 오랜 골칫거리였다. 기독교보다 역사가 깊은 종교들에서도 지옥은 무서운 것이었지만, 불변하거나 영원한 것은 아니었다. 힌두 교, 불교, 조로아스터교의 지옥은 운명을 개선해 줄 수도 있는 윤회전생輪廻轉生 주기에 근거한다. 모든 존재는 때가 되면 하느님께 돌아간다는 오리게네스Origen의 주장은 특히 아우구스티누스Augustine와 교회 정통파의 거센 반발을 받았으나,1) 완전히 사라진 적은 없었다.

성서에는 죽은 자들을 위해 기도와 제물 따위를 바치면 실제로 그들이 구원받을 수 있음을 암시하는 구절이 있다. 「마카베오하」 12장 43~45절은 유대의 애국자 마카바이오스Judas Maccabeus가 전쟁으로 죽은 유대 인 병사들의 영혼을 위해 20만 드라크마를 제물로 바쳤다고 기록하고 있다.

그가 이처럼 숭고한 일을 한 것은 부활에 대해서 생각하고 있었기 때문이다. 만일 그에게 전사자들이 부활할 수 있다는 희망이 없었다면, 죽은 자들을 위해서 기도하는 것은 헛되고 무의미한 일이었을 것이다. 경건하게 죽은 사람들이 커다란 은총을 받을 것이라는 그의 생각은 그야말로 갸륵하고 성스러운 것이었다. 그가 죽은 자들을 위해서 속죄의 제물을 바친 것은 죽은 자들이 죄에서 벗어날 수 있게 하려는 것이었다.

또 거지 나사로는 물론, 엘리야와 에녹까지 안식을 취했다는 아브라함의 품Abraham's bosom이 있다. 그것은 '휴식 장소refrigerium'와 같은 의미였다. 유대 민족의 교부들과 세례받지 못한 어린 아이들의 림보도 거론되었다. 아주 명확하지는 않지만, 바울도 불에 의한 구원과 같은 것을 암시한다(고린도전서 3장 15절). 여러 세기에 걸쳐 그려진 여러 가지 환상도幻想圖visions 역시 연옥의 형벌이 지옥의 형벌과는 다르다는 것을 어렴풋이 보여 주었다.

교회가 제3의 사후세계를 승인하기에 이르는 역사에 대해서는, 프랑스 역사학자, 자크 르고프Jacques LeGoff가 『연옥의 탄생The Birth of Purgatory』에서 서술하고 있다. 이 연구서는 학문적 탐구작업의 본보기라 할 만하다. 교회가 연옥을 승인하는 과정을 고찰했던 러시아의 중요한 중세 연구자 아론 구레비치Aron Gurevich는, 르고프가 사후세계의 환상체험을 등한시했다고 비판하면서, 교회가 연옥을 공식적으로 수용하기 훨씬 전부터 연옥에 대한 개념은 환상체험 속에 확립되어 있었다고 주장했다.2) 어쨌든 새로운 연옥 교리는 1253년 교황의 친서에서 언급되지만, 트렌토 공의회(1545~1563)에 이르러서야 최종적으로 확정되었다.

회의 후에 작성한 트렌토 공의회 교리 문답서를 보면, "독실한 자들의 영혼은 한동안 연옥의 불길 속에서 정화된 후, 마침내 더러운 것들은 들어올 수 없는 영원한 나라로 갈 수 있다."고 되어 있다. 그리고 연옥에 유배된 영혼이 천국에 들어가려면 "신앙심이 깊은 사람의 기도가 있어야 하고, 특히 기꺼이 제물로 바칠 수 있는 희생양이 있어야 한다."고 적혀 있다. 한편 주교들은 "교화에 득될 것이 없는 난해하고 미묘한 문제들, 특히 미신을 부추기고, 부정이득을 꾀하거나, 권위를 실추하고 모욕하는 성향이 있는 것들"에 대해서 언급을 피하도록 강력하게 교육받았다. 여기에서 우리는 프로테스탄트와 카톨릭의 갈등이 싹트고 있음을 알 수 있다.

어떤 점에서 보면, 연옥은 이단에 대한 대응책으로서 승인한 것이다. 여기서 말하는 이단이란 반드시 초기 프로테스탄트를 가리키는 것은 아니지만, 『순교자의 서Book of Martyrs』(1563)의 저자 존 폭스John Foxe 같은 프로테스탄트는 그렇다고 주장하기도 했다. 11, 12세기에는 정통 교회가 인내할 수 있는 한계를 넘어선 자유로운 사고가 만연하였다. 불가리아의 어느 사제의 이름을 딴 이단 종파인 보고밀 파3)가 동쪽에서 서진해 왔고, 발도 파4)와 카타르 파5) 또는 알비 파6)가 스페인 북동부의 카탈로니아와 피레네 산맥에서 북쪽과 동쪽으로 진출하여 이탈리아 북부 베로나Verona 근처로 집결했다. 성지 순례와 십자군 원정과 같은 대규모 이동 또한 이단 사상의 확산을 부추겼다.

중세를 피로 물들인 이단과 종교재판의 장구한 역사에 대해서는 아주 짧게 설명할 수밖에 없다. 하지만 반드시 짚고 넘어가야 할 점은, 교회에서 낙인 찍힌 이단자들 대부분은 절대로 자신을 이단이라 생각하지 않았으며, 오히려 훌륭한 기독교인이라 자부했다는 사실이다. 그들은 갈수록 부패하고 탐욕스러워지는 교회 관료주의에 안주하는 기성 기독교인들보다 자신들의 신앙이 훨씬 깊고 성스럽다고 생각했다. 성 프란체스코(1182~1226)의 탁발 수도회7)는 바로 그런 정서 위에서 창설되었다. 교회는 마지못해 프란체스코 회를 포용하고 흡수했고, 사태가 확대되는 것을 막을 수 있었다.

대부분의 이단 사상이 일어나는 강력한 동기라 할 수 있는 반反 교권주의 외에 이단자들이 공통적으로 견지하던 것은, 그리고 교회가 마니 교 사상이라고 부르면서 핍박의 빌미로 삼았던 것은 바로 이원론二元論이었다. 하지만 이단 종파의 지도자들이 마니Mani란 이름을 들어 본 일이 있는지조차 의문이다. 더 그럴 듯한 의견은, 중세의 하급 성직자와 귀족은 물론 무식한 일반 민중까지도 모호한 이원론에 경도되어 있었다는 것이다. 교회는 '당근과 채찍'을 번갈아 쓰며 그 뿌리를 뽑으려고 했다. 이른바 알비 지방의 이단 소탕전과 그 뒤의 끔찍한 이단재판이 채찍이었다면, 당근은 바로 연옥이었다.

연옥은 효과적인 선전도구였다. 지옥의 유황불 운운하며 겁주는 레겐스부르크의 베르톨트Berthold of Regensburg 같은 설교자들 때문에 천국에서 소외당했던 민중이 이제는 '연옥'의 개념을 통해 다시 구원의 희망을 얻었기 때문이다. 신학적으로 보면, 연옥은 아브라함의 품과 두 개의 림보를 솜씨 좋게 통합한 것이다(하지만 단테는 이교도의 림보를 지옥의 제1환First Circle of Hell으로 규정했다). 그럼으로써 세례를 받지 않고 죽은 아이들도 연옥에서 아주 짧은 정화기간을 거치면 행복을 누리게 되었다.

연옥은 당시 대부분의 사람이 믿었던 유령ghost이 어떻게 활동하는지도 해명해 주었다. 또 사람이 죽을 때 받는 개별 심판Particular Judgment at death과 궁극적인 최후의 심판Last Judgment 사이에 어떤 일이 일어나는가 하는 복잡한 의문도 풀어 준 셈이었다. 성인이나 순교자 그리고 용서할 수 없이 사악한 영혼을 제외하면, 거의 모든 사람이 연옥에 가게 되리라는 생각이 널리 퍼졌다. 그리고 교회

는 살아 있는 자들이 기도하면 죽은 자들이 연옥에 머무르는 시간
이 줄어든다고 공공연하게 설교했다.

그러나 누구에게 기도해야 하는가? 교회는 성모 마리아가 연옥의
여왕이 되어 당치 않은 역할을 하리라곤 예상하지 못했다. 4, 5세기
까지 거슬러 올라가는 「마리아 묵시록The Apocalypse of Mary」을 보
면, 성모 마리아는 지옥에서 죄인들에게 일시적인 휴식refrigerium을
얻어 주는 일을 했다. 바울 역시 비슷한 일을 했는데, 수도원들에서
는 바울의 이야기가 더 널리 알려져 있었다. 하지만 그것은 소설 같
은 이야기 형식을 갖추지는 못했다. 1070년의 기적 이야기에서는,
한 여인이 젊은 시절 동성연애(!)를 한 죄로 지옥에 갔다가 성모 마
리아Mother of God의 중재로 목숨을 온전히 구하는 장면이 나온다.
비슷한 시기에 나온 또 다른 이야기를 보면, 성모 마리아가 죄를 지
은 귀족을 구해 주기도 한다. 그 귀족은 죄를 지었지만 가난한 자들
과 교회에 대해 큰 자비를 베풀었고, 이것이 죄를 보상할 만했으므
로 성모 마리아는 악마의 무리에서 그를 구해 준다. 다만, 그를 묶
은 사슬은 아직 살아 있는 다른 죄인이 죽을 때까지 그대로 매고
있으라고 명한다. 일단 지옥에 떨어지면 아무도 거기서 벗어날 수
없기 때문에, 앞에 말한 죄인들은 연옥에 있을 때 구원을 받았음에
틀림없다. 물론 당시에는 아직 그렇다고 결정된 사항은 아니었다.
연옥에 대한 정의가 확립되기 얼마 전, 1220년경 하이스테르바하의
카이사리우스Caesarius of Heisterbach가 쓴 글을 보면, 크리스티안
Christian이라는 이름의 젊은 사제에 관한 이야기가 나온다. 크리스
티안은 성모의 도움으로 악마들에게서 구출되는 환상을 경험한 뒤
개과천선하여 죽을 때까지 경건하고 겸손한 삶을 산 인물이다. 그
덕에, 젊어서 두 명의 사생아를——둘 다 수도사가 되었다——두었
음에도 불구하고 그는 죽어서 곧장 낙원으로 간다고 되어 있다. 가

장 유명한 마리아의 구원 이야기는 테오필리스Theophilis에 관한 것
인데, 그 이야기는 나중에 파우스트 전설을 다룰 때 다시 소개하겠
다.

"우리 죄인들을 위해서 기도하소서. 현재도, 죽은 후에도." 예수
는 심판자이고, 마리아는 중재자다. 심판 장면을 그린 수많은 그림
에서 예수는 심판자로, 마리아는 중재자로 나타난다. 연옥관이 널리
퍼지고 마리아가 연옥에서 행하는 권능이 점점 커짐에 따라 중세에
는 마리아를 예찬하는 기운이 드높이 일어났다. 나중에 프로테스탄
트는 그런 현상에 대해 '성모숭배열Mariolatry'이라는 경멸적인 표
현을 썼다. 사람들의 뜻을 좇아서, 교회는 마리아에게 더욱 초자연
적인 속성을 부여한 것 같다. 마리아는 부모의 죄(성교)를 거치지
않고 무염시태無染始胎에서 태어난 순결한 여성이다. 아들이 지상에
서 죽은 것과 달리, 마리아는 죽지 않고 그냥 잠들었다가(몽소
Dorminition) 육신이 성화하여 천국으로 갔다(승천Assumtion). 이것
은 1950년이 되어서야 신앙의 조목이 되었다. 마리아는 그 모습 그
대로 지상 어디에나 나타날 수 있고, 또 그런 일이 자주 일어나는
것 같다. 마리아의 성화상聖畵像은 실제로 웃고, 진짜 눈물을 흘리
고, 신자의 기도를 들어 준다. (동정녀의 이미지를 보존하기 위해
성보상자들relics은 중세 후기에 대부분 폐기되었다.) 마리아는 「요
한계시록」 12장 1절에 나오는 '태양을 입은 여자'다. 예수의 탄생
장면에서는 새 생명의 어머니이고, 비탄의 성모상Mater Dolorosa에
서는 슬픔에 잠긴 죽음의 여신이다. 프랑수아 비용François Villon은
자신의 어머니를 위해 쓴 기도시에서 마리아를 "하늘의 여인이요,
지상의 여왕, / 수렁 같은 지옥의 황후"라 부르면서 칭송한다.

어떠한 성인이라도 생전에 또는 사후에(대개는 사후에) 기적을
일으켰다. 하지만 사람들이 죽은 자를 위해 기도할 때는 마리아가

15세기 프랑스의 성무일과서에 그려진 연옥. 묘사가 약간 음란스럽다.

으뜸이었다. 마리아는 살아 있으면서 초자연적인 신분을 얻었을 뿐
아니라 연옥에서도 가장 큰 권능을 행사했기 때문이다. 초기에는
세례 요한이 마리아와 함께 중재자의 직책을 공유했지만, 13세기
말부터는— 연옥이 등장한지 얼마 되지 않은 때였다— 마리아가
홀로 등장해 아들의 진노에서 죄인들을 보호하는 모습이 자주 등장
했다. 그래서 중세 후기에 전염병, 전쟁, 기근으로 유럽 전역에 죽
음의 공포가 드리워져 있었을 때, 마리아가 세례 요한보다 더 인기
있었던 것은 놀랄 만한 일이 아니다. 트렌토 공의회는 그녀의 권위
를 제한하느라 애썼지만, 오늘날에 이르기까지 카톨릭 신자들 사이
에서 마리아가 차지하는 위치를 보면, 그 노력이 별다른 성과를 거
둔 것 같지는 않다.

연옥은 이론상 매우 타당하고 게다가 인간미 넘치는 조치였지만
문제가 전혀 없었던 것은 아니다. 프로테스탄트 개혁자들이 연옥
개념을 부정하고, 동시에 성모 마리아에 대한 '우상숭배적' 신앙을
부정한 것은 끊임없이 공표된 사실이므로, 여기서는 특별히 다루지
않겠다. 결국 교회는 사후 형벌을 면해 준다는 명분을 내세워 교황
의 사면, 즉 '면죄부'로 장사를 시작했다. 자선 헌금함에 돈을 넣을
때 촛불을 밝히고 기도해 주는 것으로 끝났다면 별 문제가 되지 않
았을 것이다. 하지만 이것은 심히 정도를 벗어날 위험이 있었고, 실
제로도 자주 정도를 넘어섰다. 예를 들면, '부자와 나사로'의 비유
에 나오는 '부자Dives'보다도 훨씬 믿음이 좋다는 돈 많은 사람들이
공력을 세운답시고 가난한 사람을 고용해 단식과 기도와 성지순례
를 하게 하고, 십자군 전쟁에 참전시키고, 심지어는 고행자의 누더
기 옷을 입히고 몸에 스스로 채찍질을 하며 고행하도록 하는 사태
까지 벌어졌다. 교회는 그러한 행위 대신 적절한 헌금과 재물만 바
치면 속죄한 것으로 인정해 줄 만큼 비굴해졌다.

15세기에 보쉬가 그린 연옥. 당시에는 매우 이색적인 작품이었다. 현대의 임사체험 묘사와 비슷하게 보인다.

　중세 시대에 교회는 인간 생활의 모든 측면에 큰 영향력을 행사
하고 있었는데, 연옥은 그런 교회에 인간의 사후 운명까지 주관하
는 새로운 권한을 부여하였다. 하지만 동시에 그것은 '전능한' 로마
카톨릭 교회에 큰 손실을 초래하게 된다.

　연옥은 단테의 정죄산淨罪山과 같은 일시적인 지옥이었다. 그곳
에서는 지옥과 같은 종류의 벌을 받긴 하지만, 지옥의 벌처럼 호된
것은 아니었다. 연옥은 마치 '정련소의 불'처럼, 사람의 원죄와 후
천적으로 저지른 악을 깨끗하게 살라 버리는 불을 연상하게 한다.
화가들은 연옥으로 내려온 천사들이 죄를 정화한 벌거벗은 영혼들
을 낙원으로 데리고 가는 모습을 그렸다. 19세기까지 카톨릭 교회
대부분의 제단 장식은 연옥에 있는 영혼들을 묘사하고 있었다.

17

단테의 지옥편
Dante's Inferno

단테Dante Alighieri(1265~1321)에 대한 해설서들은 단테가 만들어낸 지옥Inferno을 가득 채울 정도로 많다. 그리고 그런 책들이 가장 비중 있게 다루는 것은 단테의 「지옥편Inferno」과 그 지옥의 공학, 지형도에 관한 내용이다. 단테가 지옥 광경을 그려내며 발휘한 건축적 창의성은 언제나 독자를 매료한다. 요즘 나오는 『신곡Divine Comedy』 판본은 대개 지도와 도해를 싣는다. 한편 옛날의 삽화가들은 『신곡』 사본에 등장인물과 괴물뿐만 아니라, 둑, 해자, 성곽, 도랑, 디스 시City of Dis의 시뻘겋게 달구어진 철벽 등을 그려 넣었다. 갈릴레이도 1587년 학생 시절, 단테의 지옥 구조에 대해 재미있는 논문을 쓴 바 있다. 베르길리우스가 묘사한 하데스Hades는 평면적으론 광활하지만 상하의 깊이가 그리 대단치 않은 데 비해서, 단테의 「지옥편」은 그리스도가 지옥의 제1환을 정복한 뒤 가공할 만한 지진 때문에 생긴 지반 붕괴, 균열, 폐허를 3차원으로 묘사한다.

유배 생활 중에 단테는 위대한 시를 지으면서 역사, 당시 피렌체의 정치, 성직자의 부패, 동시대인의 도덕적 자세에 대해 관심을 기울였고, 특히 자신의 정신 상태를 연구하는 데에 힘을 쏟았다. 7세기가 지난 오늘날, 그가 풍부한 정서를 지녔다는 것은 금방 알아볼 수 있지만, 그 모든 것을 당시 현실에 맞춰 이해하기란 쉽지 않다. 하지만 '이야기 줄거리'만 따라 「지옥편」을 읽는 독자라 해도, 단순히 순례의 이야기에 경탄하는 정도로 그치지 않고, 거기에 묘사된 광경, 음향, 그리고 악취(!)에 간담이 서늘해질 것이다.

단테는 이 작품에 나오는 모든 주제와 씨름한다. 철학·신화·신비주의에 관한 주제, 악마·유혹·환상에 관한 주제, 우화·괴기주의·희극에 관한 주제, 그리고 심리학적 주제──단테는 이런 것들을 처음부터 끝까지 세심한 배려 속에 연결했다. 그의 종교관은 보수적이었지만, 그의 상상력은 예외였다. 비록 『신곡』이 환상여행 vision tour을 통해 고전적인 하데스의 속성과 기독교적 지옥의 속성을 급진적으로 결합한 것에 불과하다 해도, 그것만으로도 단테의 예술적 공헌은 획기적인 것이다. 더욱이 그가 끼친 영향은 그 이상이었다.

이 세상에서 단테는 파란만장한 삶을 살았다. 일찍이 부모를 여의고 도시국가 피렌체의 부유한 친척 손에서 자랐고, 거기서 고전문학과 당대의 시에 대한 훌륭한 교육을 받았다. 그는 이탈리아 어휘에 관심이 많았고, 그런 동기에서 이탈리아 반도 전역의 방언들을 통합하는 '범이탈리아적' 언어를 확립하려는 구상을 하고 있었다. 비록 단테가 『신곡』을 피렌체 방언으로 쓰겠다고 결심하면서 '범이탈리아어'에 대한 구상은 무산되었지만, 결과적으로 당초의 계획을 실천한 셈이다. 왜냐하면 그렇게 씌어진 『신곡』이 훗날 페트라르카와 보카치오의 공헌과 더불어 토스카나 방언을 이탈리아의 문어로 정착시켰기 때문이다.[1] 이런저런 기회를 통해 단테는 상인,

군인, 정치가, 철학 교수 등 여러 가지 직업을 거쳤다. 그리고 당시의 복잡한 정치 문제에 휘말려 생의 마지막 20여 년을 빈궁한 생활은 아니었다 해도 여러 망명지를 떠돌며 보내는 불운을 겪었다.

단테의 유년 시절에 관한 일화 중에 가장 유명한 것은, 아홉 살 때 한 살 아래의 베아트리체Beatrice Portinari를 만난 것이다. 그들의 만남은 궁정 연애의 전형이었다. 둘은 몇 번밖에 만나지 못했고, 서로 다른 사람과 결혼했지만, 단테는 일생 동안 그녀를 향한 시를 썼다. 그녀는 1290년에 죽었는데, 그 후 정확히 10년 뒤인 1300년에 단테가 『신곡』을 집필하기 시작했다는 점에서 기억되는 해다. 그녀는 시에서 '신성한 사랑' 또는 '은총'으로 등장해 시인 베르길리우스가 체현한 인간 이성Human Reason이 더 이상 나아갈 수 없는 곳에서부터 순례자(단테)에게 끊임없이 영감을 불어넣는 존재가 된다.[2] 단테가 1300년에 『신곡』을 쓰기 시작한 데는 몇 가지 다른 이유도 있었다. 1300년은 그가 35세 되는 해였고, 인생을 70으로 보는 그에게는 인생의 반 고비를 넘는 나이였다. 또한 1300년은 한 세기에서 다음 세기로 넘어가는 해이기도 했는데, 단테는 숫자들을 시적 도식의 본질로 삼았던 것이다. 그리고 그의 정치적 시련도 그 무렵 시작되었다.

단테의 물리적, 윤리적 우주를 그려 보려면, 표면이 울퉁불퉁한 원뿔 또는 깔때기 모양의 구멍이 지구의 북반구에서 지구 중심까지 뚫려 있는 모습을 상상하면 된다. 그 원뿔형 구멍의 한가운데가 예루살렘이고, 예루살렘을 둘러싼 원의 지름은 약 3,950마일(6,357km)이며, 이는 지구의 반지름과 같다 —— 갈릴레이는 지구의 반경이 그보다 몇 백마일 더 짧다고 계산했다. 이 구멍은 루시퍼와 부하천사들이 하늘에서 추락할 때 그 무게와 힘이 지각을 때리면서 생긴 것이다. 그 충격으로 밀려난 물질들은 베르길리우스와 단테가 지옥에

Dante's Inferno

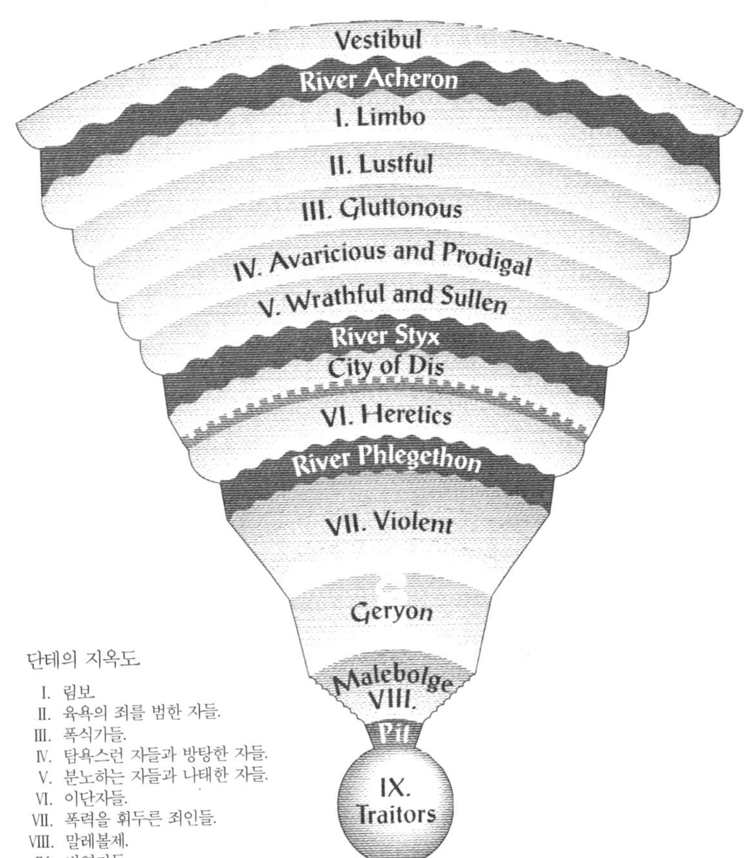

단테의 지옥도

   I. 림보
  II. 육욕의 죄를 범한 자들.
 III. 폭식가들.
 IV. 탐욕스런 자들과 방탕한 자들.
  V. 분노하는 자들과 나태한 자들.
 VI. 이단자들.
VII. 폭력을 휘두른 죄인들.
VIII. 말레볼제.
 IX. 반역자들.

서 탈출할 때 사용하게 되는 그 통로를 따라 남반구까지 이동하여 어느 고도孤島 위에서 뒤집힌 원뿔 모양으로 연옥의 정죄산mountain of Purgatory을 이루었다. 지옥의 입구는 둥근 천장으로 덮여 있는데, 갈릴레이는 그 천장의 두께를 405.52마일(653km)로 계산했다. 하지만 이례적으로 두께가 얇은 곳에 갈라진 틈이 있었고, 베르길리우스와 단테는 그 틈으로 들어간다.*3) 「지옥편」 서곡을 읽어보면, 순례자(단테)가 어두운 숲 속을 헤매다가 표범, 사자, 암여우를 피해 언덕을 오르는데, 이곳이 지하세계로 가는 은밀한 입구였다. 거기에는 다음과 같은 유명한 글귀가 새겨져 있다.

"여기 들어오는 모든 자들이여, 희망을 버릴진저."

단테의 지옥도를 제대로 이해하려면, 지동설을 믿었던 갈릴레이와 달리 단테가 프톨레마이오스의 천동설을 믿었다는 사실을 기억해야 한다.4) 프톨레마이오스의 우주는 그 중심에 지구가 있고, 지구 둘레를 투명한 천구天球 9개가 돌고 있었다. 제1천부터 차례대로 열거하면 월천Moon, 수성천Mercury, 금성천Venus, 태양천Sun, 화성천Mars, 목성천Jupiter, 토성천Saturn, 이어서 제8천이 항성천恒星天 fixed stars이었다. 제9천은 원동천原動天primum mobile이며 '최초의 원동력first mover'으로서 우주의 조화를 유지한다. (당연한 말이지만, 그 당시엔 외행성 3개는 아직 발견되지 않았다.) 이 천구들 너머로 광활하게 펼쳐지는 최고천Empyrean은 하느님, 천사, 성인이 머무르는 곳이었다. 하지만 단테의 천국들heavens은 각각의 천구 안에 설정되었다. 지옥도에서 현관vestibule은 열 번째 구역을 이룬다. 이것은 최고천이 우주의 제10천을 이루는 것과 같고, 또 지상낙원 earthly paradise이 아홉 단계로 된 연옥의 꼭대기에 위치하는 것과도 같다.

정확한 구조와 상징적 수비학數秘學에 대한 단테의 정열은 시 자체의 구조에도 적용된다. 『신곡』은 모두 삼운구三韻句terza rima로 씌어졌다. 모든 연聯stanza은 3행으로 되어 있고, 각 연의 1, 3행이 서로 압운押韻rhyme을 이루며, 제2행은 뒤따라 오는 연의 1, 3행과 압운을 이룬다. 각각 33곡으로 되어 있는 「지옥편」, 「연옥편」, 「천국편」은 또 한 차례 세 부분으로 나뉜다.5) 「지옥편」의 서곡을 포함하면 『신곡』 전체가 100곡이 되는데, 이런 구조를 이토록 읽기 쉽게 운용하는 것은 놀라운 일이다.

제3곡에서 두 시인은 '지옥의 문'을 거쳐 지옥의 현관에 들어서는데, 단테는 이곳에 제 인생은 물론 그 무엇에도 관심을 기울이지 않는 '우유부단한' 사람들을 배치한다. 그 죄인들은 지옥에 들지도 못하고 죽지도 못한다.6) 지옥 현관을 지나면 아케론Acheron 강이 나타나는데, 이것은 순환하는 세 강의 첫번째 강이다. 아케론은 다음 강인 스튁스Styx로 흘러 들어가고, (세 번째 강인 플레게톤 Phlegeton을 거쳐) 마지막에는 지구의 중심에 있는 얼음 호수인 코퀴토스Cocytus에 도달하게 된다. 단테는 극적 효과를 위해 레테 Lethe——전통적 지옥의 네 번째 강——를 연옥으로 옮겨 놓는다.7) 베르길리우스는 헤시오도스 같은 태도로 순례자(단테)에게, 이 모든 강물은 크레타의 이다Ida 산중에 서 있는 커다란 금속상이 흘리는 눈물에서 발원했다고 말한다(이 입상은 성서의 「다니엘서」 2장 31 ~34절에 나오는 느부갓네살 왕의 꿈8)에 근거를 둔 것이지만, 그 금속상이 눈물을 흘렸다는 것은 순전히 단테가 지어낸 것이다9)).

지하세계의 원뿔 전체는 계단 모양으로 되어 있고 아래로 내려갈수록 공간이 좁아지는데, 가장 아래 우묵하게 패인 구멍이 지구의 중심부인 코퀴토스가 있는 곳이다. 뱃사공 카론Charon이 두 시인을 배에 태워 건너는 아케론 강과, 그 다음 두 번째 강 스튁스 사이에 지옥의 1~5환이 위치한다. 맨 위의 제1환을 림보라 하는데, 이곳은 세례는 안 받았지만 덕망 있는 영혼이 ── 대부분 이교도들이다 ── 거주하는 곳이다. 제1환에서는 아무도 형벌을 받지 않는다. 이곳은 일견 베르길리우스의 『아에네이스』에서 낙원의 꽃(아스포델)이 만발한 엘뤼시온 들판과 흡사한 곳이다. 철학의 성Castle of Philosophy 이 있고 맑은 시냇물이 흐르는 제1환은 통한의 눈물 따위와는 거리가 멀다. 베르길리우스 자신도 호메로스(단테가 호메로스의 저작을 읽은 것 같지는 않고, 단지 그 명성만을 알았던 것으로 보인다)를 위시한 다른 이름난 이교도들과 함께 제1환에서 머물고 있다. 물론 헤브라이 인들은 '그리스도의 지옥정벌'을 통해 구원을 받았다. 단테는 세례받기 전에 죽은 아이들이 어떻게 되는지에 대해서는 언급하지 않았다.

림보 다음에 놓인 제2~5환은 무절제한 자들, 말하자면 살아 있는 동안 자신의 욕망에 굴복한 사람들이 벌받는 곳이다. 단테는 죄의 유형을 분류하면서, 당시에 일반적이던 '일곱 가지 대죄'10) 분류를 따르지 않고 아리스토텔레스의 윤리학 체계를 따랐다. 제2환은 미노스Minos가 지키고 있는 곳으로, 끊임없이 불어대는 욕망의 폭풍이 '육욕의 죄를 범한 자들the lustful'을 괴롭힌다. 지옥의 번견 케르베로스Cerberus가 지키고 있는 제3환에서는 '폭식가들gluttons'이 악취 나는 차가운 음식 찌꺼기 더미 위를 뒹굴고 있다. 플루토스 Plutus('부富'를 관장하는 신)가 지키는 제4환에서는 주로 성직자들인 '탐욕스런 자들the avaricious'과 '방탕한 자들the prodigal'이 서로 싸우는 광경을 볼 수 있다. 스틱스는 강이라기보다는 더러운 진흙탕이며, 제5환의 일부를 이루는 동시에 디스 시City of Dis 성곽의 해자垓字이기도 하다. 또한 스틱스는 상부 지옥과 하부 지옥의 경계선이 된다. 스틱스의 늪 속에는 '분노하는 자들the wrathful'이 서로를 쥐어뜯고 있고, '게으르고 나태한 자들the sullen'이 흐트러진 자세로 숨을 헐떡이며 진흙을 삼키고 있다.

단테와 베르길리우스는 위쪽 강둑의 큰 망루 아래서 플레귀아스[11]의 배를 타고 스튁스를 건너 지옥의 도읍이자 타락한 반역천사들의 거처가 된 디스Dis(사탄) 시에 이른다. 반역천사들은 두 시인의 입성을 막지만, 하늘에서 온 한 천사가 문을 열어 두 시인을 들여 보낸다. 푸리아이[12]와 메두사가 경비하는 디스 시의──실제로는 디스 요새要塞라 불러야 하겠지만──성벽 안쪽으로 하부 지옥 전체가 펼쳐진다. 성문 안으로 들어서면 곧바로 제6환이 시작되고, '이단자들heretics'이 불타는 무덤 속에서 허덕이고 있다. 한편 단테의 지옥Inferno에서는 그 이름에 걸맞지 않게, 디스 시의 성벽 안에서만 화형이 행해진다.[13]

시인들은 미노타우로스[14]가 지키고 있는 깎아지른 경사면을 더듬어 내려가서 제7환에 이르고, 켄타우로스[15]가 지키고 있는, 펄펄 끓는 피의 강 플레게톤을 만난다. 그때 괴물들 중 하나인 네소스[16]가 강을 건널 수 있도록 해 준다. 제7환에서는 '폭력을 휘두른 죄인들the violent'이 벌을 받고 있다. 이곳은 세 원으로 나뉘어 있는데, 첫번째 원이 다름 아닌 플레게톤 강이다. 이 끔찍스러운 강에는 전쟁광, 폭군, 약탈자, 조직 폭력배, 정신 이상자 등 살인을 저지른 자들이 빠져 흘러가며 아우성치고 있다. 하르퓌아이[17]가 지키고 있는 다음 원은 '자살자들의 숲'(아마 단테가 만들어 낸 것들 중 가장 섬뜩한 개념일 것이다)이며, 그 숲 가장자리에는 부랑자들이 검은 개들에게 물어뜯기는 모습도 보인다. 마지막 세 번째 원은 고리 대금업자, 신성 모독자, 동성 연애자들이 있는 '불타는 벌판'이다. 두 시인이 '불타는 벌판'을 빠져 나가는 유일한 방법은 돌이 깔린 수로의 둑을 따라 가는 것이다. 이 수로를 따라 흐르는 플레게톤 강은 절벽에 이르러 폭포를 이룬다.

자살자들의 숲. 귀스타브 도레 작(作).

그 다음 괴물 게뤼온Geryon[18]이 시인들을 절벽 아래로 싣고 날아
서 내려간다. 이곳이 가장 정교하게 만들어진 지옥의 제8환이며, 앞
의 것들과 다른 마지막 죄, 사기와 악의의 죄를 심판하는 곳이다.[19]
제8환은 말레볼제Malebolge라고 불리며,[20] 이곳에는 열 개의 둥근
구덩이 또는 '볼제bolge(주머니들)'가 있고, 각각의 볼지아bolgia(주
머니) 위로부터 중앙의 구덩이를 향해 바퀴살 모양으로 돌다리가
뻗어 있어서, 마치 거대한 석조 원형극장처럼 보인다. 각각의 볼지
아마다 죄인들이 들어 있는데, 그 중 첫번째 볼지아에는 포주(남을
위해 여자를 농락한 자)와 난봉꾼(자신을 위해 여자를 농락한 자)들
이 양쪽으로 나뉘어 있고, 뿔달린 마귀가 양쪽 죄인들 모두를 끊임
없이 괴롭힌다. 두 번째 볼지아에서는 아첨꾼들이 똥물 속에서 허
우적거리고 있고, 세 번째 볼지아에서는 적어도 교황 한 명을 포함
하여 부패한 성직자들이 세례반洗禮盤 모양의 통 속에 거꾸로 박힌
채, 발에 불로 '세례'를 받고 있다. 네 번째 볼지아에서는 거짓 예언
자와 점쟁이들이 터벅터벅 걷고 있는데, 머리가 완전히 등 뒤로 돌
아가 있어서, 눈물이 엉덩이로 흘러내린다. 장님 예언자 테이레시아
스Tiresias 역시 『오뒷세이아』에서 행하던 권능을 잃고 가엾게도 여
기에 갇혀 있다.

다섯 번째 볼지아에 이르러 단테는 말레브란케Malebranche('사악
한 손톱들Evil Claws'이란 뜻)를 등장시킨다. 말레브란케는 성사극에
나오는 일단의 기괴한 악마인데, 그들은 부정한 관리들──부정 이
득자들과 공직에 있는 사기꾼들──을 끓는 역청 속에 던지고 논
다.[21] 분위기는 그로테스크한 희극처럼 바뀌고, 제21곡 끝부분에서
는 급기야 전통적인 '방귀' 나팔까지 울려퍼진다.

단테가 이 지점에서 희극적 이완을 둔 데에는 그럴만한 이유가
있었다. 바로 이것이 그 자신의 볼지아였기 때문이다. 그는 교황을

블레이크William Blake가 그린 볼제. 볼제 위로 놓인 다리가 인골(人骨)의 화석으로 그려져
있다.

적대시하고 음모를 꾸몄다는 막연한 혐의에다가 공금을 횡령하고 정치적 뇌물을 받았다는 죄목으로 고향 피렌체에서 추방당했다. 이 무서운 소극笑劇은 그에게 부여된 혐의에 대한 항변이다. 실제로 단테가 알고 지냈음에 틀림없는 위선자들이 곧이어 다음 볼지아로 떨어지는 것도 결코 우연이 아니다.[22]

두 시인은 예수의 지옥정벌 직후 발생한 지진으로 여섯 번째 볼지아로 통하는 다리가 무너졌음을 알게 되고, 성난 말레브란케의 추격을 피해서 울퉁불퉁한 비탈을 기어내려가야 했다. 그 비탈 아래의 여섯 번째 볼지아에서는 위선자들이, 안쪽에 납을 대어 만든 무거운 망토를 입고, 그 무게가 힘에 겨워 눈물을 흘리면서 발을 질질 끌며 줄지어 걷고 있다. 두 사람은 허물어진 다리의 벽을 타고 힘겹게 기어올라가 마침내 일곱 번째 볼지아에 다다르는데, 그곳에서 내려다 보니 도적과 뱀들이 서로 뒤바뀌어 변하는 놀라운 광경이 벌어지고 있었다.

여덟 번째 볼지아에는 모략자deceiver들이 불꽃에 싸여 있었는데, 그들 중에는 오뒤세우스도 있었다 —— 단테는 베르길리우스의 트로이아 인(그리고 이탈리아 인) 편이었기 때문에, 오뒤세우스를 목마의 간계를 쓴 악인으로 본 것이다. 아홉 번째 볼지아에서는 불화의 씨앗을 뿌린 자들이 악마의 칼에 참혹하게 토막나 있었다. 그들 가운데는 무하마드Mohamet도 있었는데, 단테가 보기에는 그도 '믿음이 없는' 이단자였다. 이 볼지아는 사방 20마일(32km) 정도의 좁은 곳이었고, 꼭대기는 극도로 비좁았다. 마지막 열 번째 볼지아는 둘레가 겨우 11마일(18km)에 폭이 반 마일(0.8km)밖에 안 되는 더 좁은 골짜기를 이루고 있다. 그곳에서는 거짓말쟁이(위증자, 위조자, 불륜의 정욕을 채운 자, 연금술사)들이 끔찍한 병에 걸려 시달린다.

말레볼제의 밑바닥에 있는 우물에는 키가 50피트(15m)나 되는

두 시인은 악마들을 피해 부숴진 다리 아래로 피한다. 귀스타브 도레 작(作).

거인들이 늘어서 있다. 이것은 그리스 신화의 타르타로스에 갇힌 거신족巨神族 이야기를 단테식으로 개작한 것이다. 나락의 밑바닥을 지키는 그 거인들은 상반신만 물 위로 내놓고 있다. 그들 중 하나인 안타이오스Antaeus가 몸을 구부려 거대한 손으로 시인들을 들어다가 제9환 한복판에 내려 놓는다.

얼어붙은 호수인 코퀴토스는 반역자 디스의 영역이다. 그 주위에 있는 세 개의 고래 안에는 온갖 배신자들이 갇혀 있다. 카이나 Caina(성경의 '가인Cain'에서 따온 이름)에는 혈족을 배신한 자들이 갇혀 있고, 안테노라Antenora(트로이아의 반역자인 안테노르23)에서 따온 이름이다. 그는 호메로스의 영웅이었지만, 단테는 베르길리우스와 트로이아 인 편이다)에는 조국을 배신한 자들이 갇혀 있으며, 프톨로메아Ptolomea(자신의 장인이자 제사장인 시몬과 시몬의 두 아들을 초대해 주연을 베풀고 나서 그들을 살해한 여리고Jericho의 수장首長 프톨로미에서 따왔다)에는 손님을 배신한 자들이 갇혀 있다. 궁극의 중심——지옥의 중심이자 지구의 중심——인 주데카 Judecca(물론 그리스도를 팔아넘긴 유다Juda의 이름에서 따온 것이다)에서는 은인을 배반한 자들이 벌을 받는다. 그 중앙에는 위대한 신에 대항한 최강의 적대자였던 디스(사탄)가 얼음 속에 갇혀 있다. 가롯 유다, 브루투스, 카시우스의 망령들을 먹어 삼키는 디스의 눈에서는 눈물이 흘러내린다.24) 이제 시인들은 지상의 상쾌한 공기와 별빛을 볼 수 있는 출구를 찾기 위해 털이 부숭부숭한 디스의 허벅지 위를 기어올라간다.

단테가 그린 디스 또는 사탄의 모습은 전통적이면서 동시에 독창적이다. 환상문학vision literature에서는 대체로 사탄의 모습을 그리는 것을 피하거나, 기껏해야 괴이한 모습을 잠깐 비추는 것에 불과했다. 단테는 『툰달』을 읽기는 했어도, 거기에 등장하는 지네 형상

지오토가 스크로베니 예배당에 그린 프레스코 화. 각각의 죄인들이 서로 다른 벌을 받는 장면이 단테의 지옥 구상에 도움이 되었음을 알 수 있다.

의 사탄은 마음에 들지 않았다. 그가 상상해낸 사탄은 아주 그로테스크한 것이었다. 얼굴은 세 개였는데, 유다를 물고 있는 가운데 얼굴은 붉고, 브루투스를 물고 있는 왼쪽 얼굴은 검으며, 카시우스를 문 오른쪽은 노랗다.[25] 각각의 얼굴 밑에는 날개가 한 쌍씩 달려 있어서 그것을 퍼덕이면 코퀴토스를 얼려버릴 만한 바람이 일어났다.

세 얼굴을 가진 사탄은 화가들에게서 영감을 얻은 것이었다. 피렌체의 대다수 사람들처럼, 단테도 산 지오반니San Giovanni 대성당의 세례실 천장을 호화롭게 장식한 새로운 '최후의 심판' 모자이크 화를 보았음에 틀림없다. 이 모자이크 화는 1300년에 완성되었는데, 이 해는 단테가 고향인 피렌체에서 추방당하기 두 해 전이다. 바사리의 『예술가들의 생애』[26]에 의하면, 단테는 역시 피렌체 사람인 지오토Giotto와 막역지우였다고 한다. 추방당하고 나서 단테는

엔리코 스크로베니가 성인들에게 예배당의 모형을 드리는 장면. 아래 왼쪽에서 다섯 번째 인물이 지오토다.

두 시인이 게뤼온에 올라타는 것을 바라보는 세 명의 구두쇠. 보통 새끼 밴 암퇘지 문장을 목에 건 모습으로 묘사되는 레지날도는 세명 중 한 가운데 있다.

파도바 시의 스크로베니 예배당을 방문한 것이 틀림없는데, 이곳은 1307년경 지오토가 그의 유명한 프레스코 화를 완성했던 곳이다. 이 예배당은 엔리코 스크로베니Enrico Scroveni가 아버지 레지날도 Reginaldo의 약탈행위를 면죄받기 위해 지은 것이었다. 레지날도는 죽어가면서도, "내 돈은 아무도 못 가져간다!"면서 금고 열쇠를 가져오라며 배를 움켜잡고 악을 썼을 만큼 탐욕스러운 고리대금업자였다. 그래서 지오토는 천국(그 역시 자신을 이곳에다 두었다)에서 엔리코가 성자들에게 예배당의 모형을 바치면서 경의를 표하는 광경을 그린 것이다. 그런데 단테는 짓궂게도 친구 지오토와는 달리 엔리코의 아버지 레지날도를 고리대금업자들이 모인 지옥의 제7환에 두었다. 제7환에서 두 시인이 게뤼온의 등에 업혀 더 아래쪽에 있는 지옥(말레볼제)으로 가기 전에 마지막으로 이야기를 나눈 사람이 바로 레지날도다.

이 두 '최후의 심판' 그림(산 지오반니 성당과 스크로베니 예배당

1370년 피렌체 산 지오반니 성당의 세례실 천정을 장식한 이 모자이크 화가 제막되었을 때, 사람들의 반응은 엄청났을 것이다. 단테도 자신의 「지옥편」을 쓰면서 몇몇 이미지를 이 그림에서 차용했다. 사탄의 왕좌와 양쪽 귀에 입이 달려 있음을 눈여겨 보기 바란다.

당)이 나타내는 사탄의 모습은 모두 괴상망칙하다. 사탄들의 양쪽 귀에서 기어나와 죄인들을 잡아먹는 뱀 두 마리의 모습은 시적인 묘사라기보다는 차라리 기괴한 편이었다. 단테는 이 형상을 삼위일체에 대립하는 것으로 재배열한 것이다. 비잔틴 양식의 '최후의 심판' 그림들에는 사람과 비슷하게 생긴 악마들이 그려져 있고, 죄지은 이들의 영혼을 잡아먹는 독사들이 사탄의 권좌에서 기어나오는 모습이 보인다. 이것은 지옥의 입Hellmouth을 그림의 구도 안에 배치하는 교묘한 방법으로서, 피렌체(산 지오반니 성당)의 둥근 천장과, (스크로베니 예배당에 있는) 지오토의 그림도 이 착상을 빌어 쓴다. 죄인들을 삼킨 후에는 곧 배설하게 될 터인데, 사탄이 앉아 있는 자세가 그것을 암시한다. 디스의 몸을 털투성이로 그리는 것은 성사극에 쓰이던 악마 복장이 짐승털과 새깃으로 덮여 있던 데서 유래한 것으로서 보티첼리Botticelli의 그림에서도 금방 눈에 띈다. 디스의 날개에 대해 말하자면, 삽화가들은 성서에 나오는 스랍seraphs처럼 복잡한 날개를 포기하고 대부분 날개 한 쌍만 그려넣기 시작했다.

단테의 문학적 묘사는 비록 그것이 신학적으로 합당한 것이고, 지오토가 그린 (스크로베니 예배당의) 짐승 모습과 환상문학vision literature에서 영향을 받은 것이지만, 아주 새로운 점이 있었다. 그것은 사탄이 완전한 패배자로 전락한다는 것이다. 사탄은 침을 질질 흘리면서 정신없이 물어뜯고 눈물을 흘리고 있으며, 두 시인이 분명히 자신의 몸을 타고 도망치고 있는데도 꼼짝 못 한다. 사탄은 얼어붙은 원형질의 모습으로 전락해 있다. 단테는 사탄을 간략하게 묘사한다. 이것은 환상문학visions의 전통이며, 예술적으로도 현명한 선택이었다. 괴물을 묘사할 때, 깊은 인상을 주는 것과 우스꽝스런 느낌을 주는 것은 종이 한 장의 차이밖에 없기 때문이다.

「지옥편」의 필사본은 세간에 유포되기 시작하면서 곧 선풍을 일으켰다. 이때는 단테가 여전히 『신곡』의 후반부(「연옥편」과 「천국편」)를 집필하고 있던 1314년경이었다. 삽화까지 곁들인 「지옥편」 사본들이 우후죽순처럼 만들어졌고, 이는 공공 미술에도 엄청난 영향을 끼쳤다. 14세기에는 이탈리아 도처에서 성당 건축이 활기를 띠고 있었는데, 그 성당들을 장식한 '최후의 심판' 그림들은 단테가 고안한 연옥을 반영하기 시작했다. 그가 만들어 낸 연옥의 정죄산이 회화에서 연옥을 어떻게 표현할 것인가 하는 문제를 해결해 주었기 때문이다. 하지만 무엇보다 화가들을 매료한 것은 역시 그의 지옥이었다.

단테와 함께 지옥의 역사는 새로운 단계에 접어들게 되었다. 그는 환상문학vision literature의 세계를 무너뜨렸다. 그리고 지옥을 허구나 비유의 관점에서 바라볼 수 있게 했다는 점에서 지옥 자체도 무너뜨렸다. 그는 사실인 체하는 환상문학의 구태의연한 전통을 거부했고, 그 대신 독자를 단테 자신과 베르길리우스의 순례 이야기에 초대했다. 다시 말해서 앞선 시대의 다른 작가들을 심미적, 비평적으로 음미하는 한 작가(단테 자신)의 예술 작품 속으로 독자들을 불러 들이는 것이다. 피렌체의 나르도 디 치오네Nardo di Cione의 벽화를 보면 어떤 사람이든 그 그림이 문자 그대로의 지옥이 아니라 단테의 지옥을 묘사하고 있음을 쉽게 알 수 있다(그림 19, 20). 단테 자신의 의도는 아니었지만, 결과적으로 그는 르네상스와 계몽주의 시대의 지식인들에게 지옥의 현실성을 약화하고 거부하는 계기를 마련해 주었다.

그 뒤로, 『신곡』에서 그린 순례 여행은 지속적으로 정신 세계의 은유로 작용했다. 프로이트 이후 끝없이 신화의 지도를 만들고 있는 오늘날의 시각에서 보건대, 사자死者의 땅 또는 지옥——그 밖에 어떤 말로 불리는 것이든 간에—— 여행이란 '영혼의 어두운 밤'을 헤매면서 정신적 재생을 도모하는 개인적 경험을 우의적으로 표현하려는 것이다. '현대인의 종교'라 불리는 정신 분석학에서는, 환자가 올바른 길을 걷지 못하고 불행에 빠질 수밖에 없는 깊은 원인을 그의 '안내인'과 더불어 탐색해야 한다. 그리고 자신의 행위를 분석하고 검증하는 고통스러운 연옥을 거친 후에 비로소 정신적 건강을 되찾고 상대적인 낙원에 이르게 된다. 마약 중독이나 알콜 중독을 고치기 위한 어떤 12단계 프로그램에서는 중독과 파멸 행위로 몰락하는 것을 가리켜, 지옥으로 떨어지는 소용돌이 안에 휘말리는 것이라고 해석한다. 말하자면, 지옥의 밑바닥까지 내려갔다가 털이 부숭부숭한 사탄의 다리를 타고 빛을 향해 필사적으로 기어오르는 것이다. 이 경우 술이나 마약이 없는 불안한 낙원으로 돌아가기 위한 행동 제한이 바로 연옥이다. 조셉 캠벨Joseph Campbell은 융Jung에 의거하여, 모든 종교 신화나 기사 무훈담에 기본적으로 존재하는 것이 '영웅 역정'이라고 본다. 역정 속에서 영웅은 먼저 '야수의 뱃속'으로 모험을 떠나야 하고, 그 뒤에 이상을 향한 '시련의 길'을 걸어야 한다.

　현대를 풍미하고 있는 이러한 은유적 사고방식은 단테가 『신곡』을 쓰지 않았다면 태동조차 못 했을 것이다. 『신곡』은 새로운 영역의 어휘를 제시해 주었고, 우리의 정신적인 삶을 직관하게 하는 유용한 수단을 우리에게 제공하고 있다.

18

중세의 흥성기
The High Middle Ages

지옥이 실제로 존재한다고 보는 환상문학의 전통이 단테에 이르러 갑자기 끊어지자, 이에 대한 대안으로 소설 문학fiction이 생겨났다──사실주의적 소설 문학이 요청되고 씌어지기까지는 여러 세기가 걸렸다. 끔찍하고 영원한 지옥을 소유하고 '지배했던' 교회에 대항하여 소설 문학은 새로운 방향을 모색해야 했다. 단테는 고전적인 하데스를 이용해서 그 목적을 이루는 방식을 보여 주었다. 그리고 그 당시 유럽의 모든 언어로 번역되었던 베르길리우스의 『아에네이스』는 시인들에게 광맥과 같은 것이었고, 그들은 그것을 여러 가지 방식으로 이용했다.

14세기에서 17세기까지 이탈리아 서사시, 기사 시가에서는 이야기 전개에서 지옥 여행을 중심적으로 그리는 것이 유행이었다. 단테의 작품들과는 달리 이런 시들 대부분은 완전히 세속적이었고, 그들이 탐구한 지옥 이미지는 기독교적 전통보다는 베르길리우스나 오비디우스에 더 가까웠다. 그런 것들이 족히 수십 편은 되었다.

가장 성공적인 것으로 꼽히는 작품으로는, 사라센 사람들에 대항해 싸운 샤를마뉴의 용장 롤랑 이야기를 환상적으로 각색하고 거기에 지옥의 리디아 이야기를 그린 로도비코 아리오스토Lodovico Ariosto 의 『광란의 올란도Orlando Furioso』(1532)와, 제1차 십자군 원정 이야 기인 토르쿠아토 탓소Torquato Tasso의 『해방된 예루살렘Jerusalem Delivered』이 있다. 『해방된 예루살렘』은 천상의 전투1)를 다루고 있으며, 여기서 사탄은 플루토Pluto라고 불린다.

지하세계의 모험 이야기는 이탈리아에만 국한된 것이 아니었다. 프랑스에서는 샤를마뉴의 조부인 샤를 마르텔이 지옥으로 가는 오래된 전설이 나중에 기사도 소설(로망스2))로 각색되었다. 12세기경에 씌어진 것으로 보이는 『샤를 마르텔과 그 후계자들의 역사 History of Charles Martel and His Successor』에서 샤를은, 자신의 말썽쟁이 서자를 안내자인 마법사와 함께 지옥으로 보내 루시퍼에게 가서 경의의 표시로 공물을 받아오도록 명한다. 물론 그것은 성사되고, 샤를은 자신이 직접 지옥을 방문해 충성을 다짐받는다. 좀더 후기 작품이면서 가장 일찍 단테를 모방한 것으로 알려진 프랑스의 『오베르뉴의 위옹Huon of Auvergne』은, 샤를 마르텔 설화에 켈트족의 로망스 주제들을 섞은 작품이다. 여기서는 샤를이 위옹의 아내를 유혹하려는 속셈으로 위옹을 지옥에 보낸다. 위옹은 아이네이아스와 오랑즈의 윌리엄William of Orange과 동행해서 지옥의 여러 광경들을 보고 직접 벌도 받으면서 정력적으로 여행을 하다가, 샤를 마르텔의 의도에 담긴 진의를 발견한다. 루시퍼는 샤를 마르텔의 가신家臣이 되는 데 동의하고, 조공으로 천 마리의 황금 새들과 왕관, 반지, 휘황찬란한 가마를 바친다. 이 마법의 가마는 물론 샤를 마르텔을 곧장 지옥으로 날라다 준다.

그리고 이즈음부터는 요정 나라Fairyland의 이미지가 그 동안 지옥이 담당했던 전통적인 역할을 이어받기 시작한 것이 분명하다. 13세기 말에 씌어진 「오르페오 경Sir Orfeo」이라는 영국의 시는, 12세기 후반 프랑스의 여자 시인인 마리 드 프랑스Marie de France가 쓴 「오르페의 시Lai d'Orphée」3)를 모방했다고 할 수 있는데, 여기서는 특별한 설명도 달지 않은 채 지옥이 요정의 나라로 바뀌어 나타난다. 그리고 하프를 잘 타는 왕자 오르페오 경(플루토Pluto 왕의 아들이자, 유노Iuno 왕의 아들)이 요정들에게 빼앗긴 아내 헤우로디스Heurodis(에우뤼디케Eurydice)를 찾아가는 곳도 이 괴상하고 복합적인 장소였다.

이 요정들은 사냥개로 사냥을 즐기고 송골매로 매사냥을 하며 "기이한 복장으로 춤을 추는dauncing in queynt atire" 중세 궁정풍의 요정들이다. 그러나 이 시인은 (마리 드 프랑스에게 경의를 표하면서도) 오비디우스와 베르길리우스에게서 소재를 찾았다. 오르페오 경이 유랑하는 음유시인을 가장하고 성의 뜰 안으로 들어갔을 때, 그는 무시무시한 '잠든 자들'의 무리를 보게 된다.

어떤 이들은 머리가 없이 걸어다니고,
어떤 이들은 팔이 없고,
어떤 이들은 온 몸이 상처투성이고,
어떤 이들은 미쳐 날뛰고,
어떤 이들은 말 위에 무장해 있고,
어떤 이들은 밥먹다가 목 졸려 죽고,
어떤 이들은 목말라 시달리고,
어떤 이들은 불에 타 일그러져 있고,
그런 와중에 아낙네들은 해산을 하고,
어떤 이들은 죽어 있고 어떤 이들은 돌아 버렸고,

놀랍게도 그 옆에선 사람들이 누워 있다,

한창 때 잠들어 버린 모습 그대로.

그리고 그들 가운데 에우뤼디케가 나무 아래 누워 있다. 오르페오 경은 아내를 되찾기 위해 요정의 왕 앞에서 하프를 연주하고, 아내와 함께 성으로 돌아오는 해피엔딩을 맞는다.

그곳이 무시무시한 기독교적 지옥이었다면 오르페오 경은 그곳에 갈 수 없었을 것이다.*4) 요정 나라는 지옥에 대한 불가피한 대안이었다.*4) 지옥과 요정의 나라가 서로 긴밀해지기 시작했다는 증거는 귀족의 위탁으로 만든 성무일과서Books of Hours5)와 임람imrams6)에 실린 삽화에도 나타난다. 『에어셀던의 토마스Thomas of Ercel-doune』라는 로망스에서는 어떤 기사가 신비로운 여인과 어둠 속을 사흘 간 여행하다가 천국, 연옥, 지옥, 요정 나라로 통하는 네 길을 본다. 12세기 말엽에 프랑스 어로 처음 번역된 『아에네이스』에서 시뷜레Sibyl7)는 마녀로, 아이네이아스는 중세 봉건 기사로, 케르베로스는 날카로운 발톱이 달린 발과 긴 팔, 그리고 개 모습의 머리를 세 개나 지닌 악마로 그려진다.

『요정의 여왕The Faerie Queene』은 중세의 홍성기에 씌어진 우의적 로망스 서사시romance-epics의 금자탑으로서, ‘비극적, 희극적, 역사적, 목가적’ 요소를 모두 갖추고 있다. 단테와 마찬가지로 에드먼드 스펜서Edmund Spenser(1552?~1599)는 이미 전성기를 맞았던 이 문학 양식을 반추하고서 그 장르를 종합하기도 하고 배척하기도 했다. 단테가 방언을 사용하는 데 있어 전위적인 역할을 했다면, 스펜서의 서사시는 의도적으로 고풍스런 언어를 사용하였다. 그는 아서 왕 설화에 영국 신화를 더함으로써 영국 서사시를 이탈리아 양식으로 쓰고자 했다. 그가 시도한 『열두 가지 덕목을 특징 짓는 열

베르길리우스를 위한 석판화. 기독교의 여러 이미지들이 교묘하게 융합되어 있음에 주목하기 바란다. 화면 오른쪽 아래를 차지하고 있는 지옥의 입에는 복수의 세 여신 에우메니데스가 갇혀 있고, 휘드라는 붉은 용으로 되어 있으며, 시뷜레(왼쪽)는 마녀의 모자를 쓰고 있다.

두 권의 책XII bookes fashioning XII morall vertues』은 엘리자베스 여왕 궁정에 있는 그의 동료 기사 시인인 필립 시드니Philip Sidney 경과 월터 랠리Walter Raleigh 경을 비롯한 상류 귀족층을 깊이 감화시킨 로맨스이기도 했다. 지옥의 역사라는 관점에서 볼 때 그의 난삽한 시 속에 나타난 가장 혁신적인 사상은 선과 악의 투쟁에 대한 정의를 새롭게 했다는 것이다. 스펜서는 (당시 조류에 따라) 충실하게 반反카톨릭적인 청교도였다.

스펜서가 쓴 이 장편 우화는 클레오폴리스Cleopolis 출신의 글로리아나Gloriana가 다스리는 요정 나라를 배경으로 한다. 여기서 글로리아나는 여왕 엘리자베스 1세의 대역인 셈이고, 클레오폴리스는 런던을 나타내는 것이다. 스펜서의 기사들은 아주 봉건적이지만은 않았다. 그들은 시대에 맞춰 르네상스 시대의 궁정 신하가 되기 위해 활약했다. 적십자 기사는 그리스도를 표상했고, 따라서 그가 무찌른 괴물들은 사탄의 표상이었다. 스펜서는 교황을 비롯한 모든 '카톨릭적인 것papishness'을 포함하여 당시 영국에서 지옥의 표상으로 알려진 것들을 열정적이고도 풍부하게 다루고 있다. 제1권 「오류의 동굴Cave of Error」 편을 그 예로 들 수 있는데, 이것은 반은 여자이고 반은 용의 모습을 한 기괴한 괴물이 죽으면서 자신의 추악한 배에서 오래된 책과 서류들(카톨릭의 가르침)로 가득찬 독을 토해 내자, 그녀의 자식들이 제 어미의 독이 섞인 피를 핥아먹고 마침내 배가 터져 죽는다는 이야기다. 엄격한 의미의 우화라고 할 수는 없는 것이다.

그 다음에 나오는 아르크미아고Archmiago는 경건한 은자처럼 보이지만, 곧 사악한 마법사임이 탄로나며, 악마들의 시중을 받는 완전한 적그리스도의 표상이라는 것 역시 드러난다.

그는 플루토Pluto의 여신을 잠에서 깨우고,

천국을 저주하고 생명과 빛의 주이신

지고하신 하느님을 모독한다,

고르곤의 이름을 함부로 부르면서

코퀴토스 강을 요동하게 하고 스튁스 강도 달아나게 만드는

암흑과 죽음과 밤의 왕자.

'지복의 나라Bower of Bliss'는 요녀 아크라시아8)(키르케Circe로 읽는다)가 다스리고 있다. 도덕주의자이기를 거부한 시인 스펜서는 이런 사악한 음탕함을 좋아해서 글에 자주 등장시킨다. '자만의 저택House of Pride'에 있는 루시페라Lucifera 여왕은 그녀를 시중드는 대죄Deadly Sin들이 탄, 여섯 야수가 끄는 황금 수레를 타고 지나간다. '밤Night'을 거느리는 마녀 두에사9)는 "입을 벌리고 있는 아베르누스10) 동굴의 심연"을 통해 하데스로 내려간다. 하데스에는 연기와 유황불, 무시무시한 푸리아이들, 아케론 강의 모진 물결, 플레게톤의 불바다, 그리고 현관 계단 위에 케르베로스가 지키고 서 있는 '영원한 고통의 집'이 있다. 익시온은 수레 바퀴를 돌리고, 시쉬포스는 돌을 굴리고, 탄탈로스는 나무에 묶여 있고, 티튀오스는 독수리에게 먹이를 주고, 다나이데스는 물을 긷고, (그리스·로마 신화의 작가가 아닌 보카치오Baccaccio가 지옥으로 보낸) 의술의 신인 아이스퀼라피우스11)가 사슬에 묶여 있다.

'절망의 동굴Cave of Despair'은 자살을 충동질하고, 거기를 지나면 사탄을 상징하는, 불을 내뿜는 용을 만나 싸운다. 그 다음에는 우의적인 죄들이 지키고 있는 지옥의 문 근처 지하에 '맘몬(부자)의 동굴Cave of Mammon'이 있고, 이곳에는 '부의 집'이 있다. 그 다음은 프로세르피나의 정원이다. 이 정원 안에는 의자 하나와 황금 사

과들이 달려 있는 나무 옆으로 코퀴토스 강이 흐른다. 그 의자에 앉거나 그 사과들을 먹는 자에게 어떤 일이 벌어질지는 자명하다. 기사 기용Guyon도 그것을 미리 알아채고서 맘몬(부자)의 환대를 단호히 거부한다. 강둑 너머에는 "지독한 냄새가 나는 칙칙한 물결 속에서 저주받은 인간들"이 울부짖고 있다. 그리고 탄탈로스도 다시 등장하고 있다. 또 예수를 십자가에 매다는 것을 허락한 본디오 빌라도Pontius Pilate는 끝없이 제 손을 씻고 있다.

중세의 쇠퇴기

고상한 우화극과 로망스들이 부각되는 것이 중세 후기의 특징이다. 그리고 그것은 민중이 즐긴 저속한 유머의 일종이기도 했다. 물론 그 대부분은 기록으로 남아 있지 않지만, 기적극miracle play의 지옥 장면들이나 피터 브뤼겔Peter Bruegel과 그를 추종하는 플랑드르 화가들의 그림 속에, 그리고 무엇보다도 라블레Rabelais의 작품들 속에 분명히 나타나 있다.

중세 후기에는 날짜로 치면 모두 합쳐 한 해에 석 달 가량은 온갖 축제들로 가득했다고 역사가들은 추정한다. 이 축제들 중에는 '바보제festa fatuorum'라 통칭하는 것들이 있었다. 사순절Lent 이전 시기, 스데반Stephen 성인의 날(12월 26일)에서부터 신년제에 이르기까지, 그리고 핼러윈 축일, 그리고 마을마다 서로 다른 성인들의 축일이 있었는데, 이런 특별한 날에 교회에서 스콜라 학자들과 하급 성직자들 모두가 시끌벅적하게 거행한 것이 바로 '바보제'였다. 야단 법석을 떠는 행렬을 동원하는 이 축제는 오늘날에 비해 위계질서가 훨씬 엄격했던 중세 신분사회의 질서를 전복하는 행위들,

말하자면 경망스러움, 술주정, 성스러운 것에 대한 노골적인 모독이 주를 이루었다. 이렇듯 평소에는 불가침으로 여기던 숭배 대상을, 이때만큼은 조롱하는 것이 허용되었을 뿐더러 심지어는 의무적인 것처럼 여기기까지 하였다. 비록 우리는 어렴풋하게 인식할 뿐이지만, 이때 지옥과 지옥의 거주자들은 축제에서 필수적인 부분을 차지했던 것이다.

17세기 초에 와서는 축제용 지옥 행진이 너무 소란스럽게 통속화해 종종 폭력을 일으키기도 하였다. 그래서 1540년에 창설한 예수회 또는 성직자들이 공연한 것을 제외하고는, 유럽 전역에 종교극을 금지하기까지 하였다. 그러나 축제 분위기를 통해 사회적 긴장을 완화해 주는 이런 역할은 포기하기에는 너무 긴요한 것이었다. 사라지기는 커녕, 즐거운 지옥Merry Hell은 점점 더 통속화했다. 먼저 중세 말기에는 환락과 우화를 병적으로 표출한 『죽음의 무도Dance of Death』가 등장했다. 해골의 모습을 한 '죽음Death'이 마찬가지로 분장을 한 부하들과 함께 등장해서, 익살맞은 행동을 하면서 그들의 반동적인 행렬에 관중을 끌어들인다. 그러고 나서 할리퀸12)들이 등장했다.

할리퀸은 원래 게르만의 이교적인 마귀였다. 그리고 프랑스에서는 밤에 출몰해 난폭한 사냥을 하는 것으로 알려진 악마들의 우두머리가 되었다. 영국에서는 사냥꾼 헤른Herne으로, 독일에서는 요정의 왕Erlkönig으로 통했다. 적어도 13세기 쯤에, 프랑스에서 가장 오래된 세속극인 아담 드 라 알Adam de la Halle의 『나뭇잎 놀이Le Jeu de la Feuillée』에서는 에를르캥 크로크조Herlequin Croquesot의 모습으로 나타나고 있고, 이탈리아에서는 아를레키노Arlecchino라 불리면서, 거리의 즉흥 광대들zanni 중 일부가 되었다. 이들은 우스꽝스런 이름을 가지고 있었고, 무례한 행동을 서슴없이 보여 주는 배우들을 통해, 당시 금지당했던 '종교적' 악마들을 대신했다. 할리퀸은 그 밖에도 풀치넬라Pulcinella(또는 폴리키넬레Polichinele, 페트로슈카Petroushka, 펀치13))가 있었다. 18세기 인형극에서 인기를 모은 할리퀸은, 후에 이탈리아 즉흥 가면 희극commedia dell'arte에도 나타났다. 나약한 태도에 특이한 복장을 하고 나타나던 할리퀸은 마침내 오늘날에는 산책길이나 공원길에서 악역을 맡아 길거리 무언극에까지 끼여들게 되었다.

지옥의 모습을 패러디한 글들도 있었는데, 13세기 프랑스의 『성 피에르와 종글뢰르Saint Pierre et la Jongleur』가 대표적이다. 종글뢰르는 악마 연기를 우스꽝스럽게 하던 거리의 광대였다. 그가 죽어서 지옥에 갔는데, 루시퍼와 여러 악마들이 사냥을 하러 나간 사이, 성 베드로와 내기를 해서 지는 바람에 지옥에 있는 모든 영혼들을 베드로에게 빼앗기고 만다. 루시퍼가 돌아와서 이 사실을 알고는 화가 치밀어 그를 지옥 밖으로 던져 버리고, 다시는 어떤 종글뢰르도 받아들이지 않기로 맹세한다. 거의 같은 시기에 나온 『지옥의 인사Salut d'Enfer』에는 마귀 테르베간Tervegan의 연회장에 차려진 온갖 음식이 ─ 더 많은 이단자의 구운 고기가 나온다 ─ 상세히 묘사되어 있다.

할리퀸과 펀치처럼 가르강튀아와 팡타그뤼엘도 원래는 무대용 악마였다. 그들의 모험을 기록한 책 『가르강튀아와 팡타그뤼엘 Gargantua and Pantagruel』은 대부분 어리석은 정신에 대해 적고 있고, 음란, 외설, 폭음과, '일곱 가지 대죄'까지 즐기라며 찬미하고 있다. 대부분의 코미디처럼, 이들의 유머도 너무 국지적이기topical 때문에 오늘날에 그 유머를 이해하기란 쉽지 않다. 『요정의 여왕 The Faerie Queene』만큼 극단적이지만, 『요정의 여왕』이 매우 고상한 편이라면, 『가르강튀아와 팡타그뤼엘』은 의도적으로 저속하게

씌어진 것이다. 처음에는 프란체스코 회 수도사가 되었다가 다음에
는 베네딕트 회로 옮겼고, 다시 의사가 되었던 프랑수아 라블레
François Rabelais(1495~1553)가 별다른 박해를 받지 않고 그런 것
들을 다루었다는 사실은 시대가 변하고 있었다는 증거다. 그에게는
상류층 친구들이 있었는데, 그들 덕분에 검열을 모면하고 그저 비
판을 받는 것으로 끝난 것 같다.

　희극의 다양한 가능성을 고려할 때, 라블레의 지옥은 지겹고 실
망스럽기까지 하다. 그의 로망스 모델은 베르길리우스나 오비디우
스가 아니라, 지적인 농담 한 마디로 지옥을 풍자하는 루키아노스
Lucian였다. 루키아노스는 『메니푸스Menippus』에서 사후세계에 있
는 칭송받는 철학자들은 높이 받드는 반면, 크세르크세스[14]와 알렉
산드로스 같은 왕들은 격하하고 있다. 라블레는 (신발을 수선하는)
알렉산드로스와 겨자를 파는 크세르크세스를 포함해서 고전적인
역사와 신화들, 아서 왕 이야기와 로망스 문학, 그리고 교황의 계보
를 망라한 여러 유명한 인물들에게 상상력을 뻗쳤다. 그러나 라블
레의 이야기에서 새로운 것은 그들에게 고문 대신 매독梅毒을 벌로
내리는 것뿐이다. 그의 지옥에는 소변 보는 장면이 유난히 많다.

　중세 말기의 사람들은 속담이나 민담들을 모으기 시작했다. 격언
이나 아이들의 놀이를 그린 브뤼겔의 그림들은 당시의 민담에 대한
관심을 반영하고 있다. 일곱 가지 대죄와 지옥 장면을 그린 그의 삽
화들도 마찬가지다. 지옥에 대한 상당한 양의 자료들이 여기저기
흩어져 있었으니, 누군가 그것을 분류해 보려고 시도했다는 사실도
놀랄 만한 일이 아니다. 최초의 지옥 연구가infernologist라 불리는
레지날드 르 크Reginald le Queux는 『지옥의 심연Baratre Infernel』을
1480년에 썼다.

그 책에서 그는 지금 여기서 내가 하고 있는 것과 같은 일(지옥
의 역사를 개관하는 일)을 했고, 이교도에 대한 자료와 기독교의 자
료를 자유롭게 인용했고, 지옥에 수용된 자들과 거기서 벌어지는
광경들을 서술했으며, 그 자료에서 지옥을 정리하고 어떤 결론을
끌어내려고 했다. 그는 먼저 오래 된 자료들 62가지를 "도덕적인
것, 풍자적인 것, 애가哀歌적인 것, 계보학적인 것, 신학적인 것, 역
사적인 것, 철학적인 것, 신화적인 것"으로 분류했다. 거기에서는
기독교인 작가 50명과 성경 10권과 기타 외경들을 언급하고 있다.
그가 든 예들은 『툰달』과, 뚱보왕 샤를의 환상들을 포함하고 있으
며, 목차만으로도 실로 방대하다.

플랑드르 화가들[15]과 미켈란젤로

얀 반 에이크Jan van Eyck(1390~1441?)는 15~16세기에 명성을
떨쳤던 플랑드르 예술학교의 초대 교장이었다. 그의 그림 「최후의
심판Last Judgment」은 지옥에 대한 상투적인 이미지가 죽음Death의
모습, 또는 새롭게 인습을 탈피하기 시작한 시기를 아주 명확히 보
여 준다(그림 14). 로저 반 델 웨이든Roger van der Weyden, 디에릭
부츠Dieric Bouts(그림 25), 그리고 한스 멤링Hans Memling(그림 26)
은 제단 장식을 위한 지옥의 모습들을 뛰어나게, 심지어는 아름답
게까지 그렸다. 하지만 인습적 수준을 훨씬 넘어선 화가는 보쉬
Bosch였다.

히에로니무스 보쉬[16]는 지옥을 참으로 독창적으로 그린 얼마 안
되는 사람들 중 하나다. 제단 장식을 할 때 보통 3면에다가 그림을
그려 넣는 15세기 후반의 관습에 그대로 따른다면, 가운데에는 '최

후의 심판' 그림을, 그리고 오른쪽 화판에 그린 지옥과 균형을 이루기 위해 왼쪽 화판에는 천국이나 에덴 동산의 그림을 그려 넣을 테지만, 보쉬의 그림에서는 지옥이 슬그머니 전체적인 구성을 차지하였다.

보쉬는 스헤르토헨보쉬s-Hertogenbosch라는 플랑드르 지방의 마을에서 살았고, 그의 이름은 거기에서 따온 것이다(그의 성은 반 알켄Van Alken이었다). 그곳은 벨기에 국경과 라인 강변에서 가까운, 현재 네덜란드에 있는 마을로서, 중세가 쇠퇴하면서 새롭게 번창한 중산층 도시의 하나였다. 당시는 여전히 대부분 사람들이 중세 교회의 지배하에 놓여 있었고, 보쉬와 그의 가족들 역시 성모 마리아를 받드는 여러 종교 집단 중 하나인 성모형제회Brotherhood of Our Lady에 속해 있었다. 할아버지, 아버지, 네 삼촌 가운데 적어도 세 명, 형제 구센Goosen 등이 모두 화가였으나, 할아버지가 그린 것으로 추측되는 마을의 프레스코 화만이 남아 있을 뿐, 나머지 사람들의 그림들은 남아 있지 않다. 1479년과 1481년 사이의 어느 해에 그는 어떤 돈 많은 여인과 결혼을 했다. 그림을 몇 번 위촉받은 때에 대한 기록 외에, 그의 생애에 대해 알려진 것은 이것 뿐이다.

미술사가들의 호기심과 당혹감을 자아냈던 그의 그림들은, 지옥의 역사를 지켜본 사람들에게는 이해하기가 좀더 쉬울 것이다. 보쉬가 글을 읽을 줄 알았든 그렇지 못했든 간에, 그는 그가 살던 시대 사람이었다. 그 시대의 지옥에는 우의적인 환상, 문학적 패러디, 신화와 속담에 대한 풍부한 전통이 있었고, 반교권주의, 기괴한 언동, 외설, 어릿광대짓 따위가 그 내용으로 담겨 있었다. 보쉬는 이것들을 섞어서 그림을 그렸고, 반복해서 여러 가지 변용을 시도했다. 지옥은 다른 어떤 것보다도 그의 관심을 끈 주제임에 틀림없다. 에덴을 그린 그림에서조차 반역천사들이 하늘에서 떨어지고, 한편에서는 쥐, 개구리, 사슴을 대수롭지 않게 죽이는 일이 벌어진다. 그가 중앙 화판에 그린 그림 중에는 건초를 실은 마차Hay-Wain가 한 악마를 태우고 지옥을 향해 달리는 장면이 있고(그림 29), 비엔나에 남아 있는 「최후의 심판」 그림의 중앙 화판은 연옥과 관련한 것으로 보인다(그림 28). 「지복의 정원Garden of Earthly Delight」(그림 30)은 종래의 지상낙원보다는 베누스베르크[17]나 전설적인 코케뉴의 나라[18]와 유사하다.

우리는 계속해서 우리와 익숙하면서도 획기적인 장면들을 보게 된다. 사람들이 슬리트Slith 강 위로 미끄러지듯 달려가고, 악마들은 강 기슭에서 희생물들을 쇠꼬챙이에 꿰어 굽거나, 납작하게 냄비에 튀긴다. 「건초차乾草車Hay-Wain」(그림 29)의 지옥에서는 '툰달의 소'가 다리를 건너가고, 「지복의 정원」에서는 툰달의 새가 죄인들을 삼키고 배설한다. 단지와 납작한 냄비, 주방 기구들이 우리에게 요리사와 빵 굽는 사람들을 연상하게 해 주고, 그들은 악기들을 가지고 시끄러운 소음을 낸다. 우리는 그들이 받는 벌을 보고 일곱 가지 대죄가 무엇인지를 알 수 있다. 둥그런 가마솥, 화덕, 지옥의 입을 나타내는 문들은 우리에게 친숙한 것이다. 악마와 형벌의 양태에 대해서는 우리가 이제까지 보았던 것보다도 더 다양한 상상력을 발휘하고 있기는 하지만, 근본적으로 다른 것은 아니다. 단테처럼 보쉬도 옛것을 취해서 자신의 것으로 만들었다. (보쉬의 그림에는 단테의 영향이 보이지 않는다. 그의 소재는 모두 다 북유럽적인 것이었다.)

단테와 마찬가지로 보쉬의 혁신은 성공적이었다. 당시에 인쇄기는 발명되어 있었으나 사진기는 없었던 탓에, 우연히 그의 그림을 보게 된 사람들만이 그의 작품을 알고 있었다. 보쉬의 후손들에게는 운좋게도 대단한 후원자들이 있었다. 스페인의 이사벨라Isabella

여왕은 1504년에 죽을 때, 그의 그림을 세 점 소장하고 있었다. 당시는 스페인이 네덜란드를 통치하고 있을 때였다. 베네치아의 추기경 그리마니Grimani도 보쉬의 그림을 소장하고 있었는데, 「낙원」과 「지옥」이라는 그림이었던 것 같다. 이 그림들은 현재 도제 궁Doges Palace에 있다. 누구보다도 보쉬의 그림을 열광적으로 수집한 사람은 스페인의 펠리페Philip 2세(1527~1598)였다. 그는 이미 다른 이들의 소장품이 된 것까지 자기 것으로 만들려고 했다. 펠리페는 심성이 그다지 좋지 못한 사람이었고, 광신적인 카톨릭 신자였다. 그는 피의 메리Bloody Mary의 남편으로서뿐 아니라, 가혹한 이단 재판을 남용한 주범으로서도 악명이 높다. 그가 얼마나 보쉬의 그림에 열광했는지는 리스본, 에스코리알 그리고 프라도 미술관에 소장한 수많은 보쉬의 작품들을 보면 알 수 있다.

지옥에 대한 이런 관심은 플랑드르에서도 마찬가지였다. 과연 귀족들은 어떤 악마성을 바란 것일까? 안트워프Antwerp와 브뤼셀을 근거지로 일했던 일군의 화가들은 그들이 얻고자 했던 것이 그것이었다는 데 동의했다. 그래서 그들은 그런 그림을 그렸고, 그들 중에는 얀 만딘Jan Mandyn, 피터 후이스Pieter Huys, 피터 브뤼겔Pieter Bruguel(1525~1569)과 그의 두 아들인 얀Jan과 피터Pieter가 있었다(피터는 지옥 풍경화를 상당히 많이 제작했기 때문에 '지옥Hell'이란 별명을 얻었다).

그들 중 가장 뛰어난 사람은 피터 브뤼겔(아버지)이었다. 그는 일곱 가지 대죄에 유머를 가미했고, 「반역천사들의 타락Fall of the Rebel Angels」(1562)에 부산스런 활기를 불어넣었다. 그가 그린 것들 중 가장 기괴한 그림은 지옥에 대한 것이 아니라, 최후 심판일을 그린 「죽음의 승리The Triumph of Death」다. 여기에는 여윈 말 위에 탄 죽음의 신이 해골을 가득 실은 마차를 끌고 가는 장면이 있

「지옥 정벌」 피터 브뤼겔 작(作).

으며, 행진하는 해골 대열은 곡과 마곡의 병력을 나타낸다. 그러나 훨씬 독창적인 그림은 「악녀 그리에트Dulle Griet」(1534)이다(그림 32). 브뤼겔의 유명한 작품들에는 민간 속담이나 격언들이 자주 등장하는데, 지옥 입구까지 가서 재물을 약탈하고도 아무 탈없이 돌아올 만큼 대담무쌍한 한 아낙네에 대한 이야기를 통해 여자를 혐오하는 내용의 잠언을 해학적으로 묘사한다. 악녀 그리에트('사나운 그레텔'이란 뜻)는 갑옷을 입고 큰 숟가락을 휘두르며 노획물을 담은 시장 바구니와 자루를 들고 있다. 그녀는 주위에서 벌어지는 악마들의 행동에도 전혀 동요하지 않는다.

브뤼겔의 아들들은 아버지에 비해 독창성이 떨어지고, 더 기회주의적이다. 얀 브뤼겔의 『오르페우스Orpheus』(그림 34)는 르네상스의 나체화, 보쉬의 그로테스크한 화법, 아버지의 유머를 비롯해서 온갖 종류의 유파들에서 빌려온 여러 요소들을 버무려 놓았다. 그것은 어떤 용도로도 쓰일 수 있는 다목적 지옥 풍경화다.

지옥을 그리는 데 일생을 바친 보쉬나 판매에 관심을 기울였던 브뤼겔 일가와는 달리, 미켈란젤로Michelangelo Buonarroti(1475~1564)는 지옥을 한 번밖에 그리지 않았다. 그가 바티칸의 시스티나Sistine 성당 벽에 그린 「최후의 심판Last Judgment」은 세상에서 가장 유명한 그림들 중 하나다. 비록 그림의 지배적 요소는 아니지만, 그의 지옥은 쉽게 잊혀지지 않는 것이다(그림 22).

미켈란젤로는 이탈리아 르네상스라는 찬란한 시대에 가장 반짝이는 보석이었다. 그의 긴 생애 동안 그는 언제나 자신을 화가라기보다 조각가로 여겼지만, 사실상 양쪽 모두에 뛰어난 사람이었다. 그뿐 아니라 그는 로마 성 베드로 성당의 돔을 설계하기도 했다. 그가 긴 생애 중 쌓은 온갖 업적을 여기에 전부 기록할 수는 없다. 한 가지 분명한 것은, 그가 비록 기독교인이었고, 나이가 들어감에 따

「최후의 심판」, 피터 브뤼겔 작(作).

라 영적인 것에 더 많은 관심을 가지게 되기는 했지만, 젊었을 때에는 로렌초 디 메디치Lorenzo de Medici의 정원에서 배운 플라톤 사상에 심취하기도 했다는 사실을 알아두는 것도 유용할 것이다. 시스티나 성당의 「최후의 심판」을 포함하여 그의 모든 작품에는 확실히 고전적인 그리스 정신이 담겨 있다.

미켈란젤로는 1508년부터 1512년까지 작업하여 시스티나 성당의 둥근 천장을 완성했다. 이 기나긴 작업은 오랫동안 발판에 누워 얼굴을 천장으로 향한 채 불편한 자세로 일해야만 하는 몹시 고된 일이었다. 그는 1534년 교황 클레멘스Clement 7세가 자신을 다시 불러들였을 때 그다지 즐거워하지 않았다. 당시 시스티나 성당의 제단 위쪽 가장자리 벽에는 페루지노Perugino의 프레스코 화가 그려져 있었다. 교황은 최후의 심판 그림을 원했고, 미켈란젤로에게 그것을 그리도록 명했다. 그 당시 미켈란젤로의 나이가 거의 60에 가까웠지만, 거절할 방법이 없었다. 교황 클레멘스는 얼마 후 죽었으나, 그 뒤를 이은 교황 바오로Paul 3세 역시 최후의 심판 그림에 대해서는 완강하였다. 그 웅장한 프레스코 화를 완성하는 데는 7년이라는 시간이 걸렸다. 지오토는 스크로베니 예배당 벽화에서 자신을 구원받은 자들 편에 그려 넣었지만, 미켈란젤로는 그렇게 하지 않았다. 그는 지치고 생기 없이 처진 자신의 모습을 성 바돌로매Bartholomew의 벗겨진 살가죽 안에다가 풍자적으로 그려 넣었다. 중세의 관습대로라면 그것은 순교의 표시였다.

그림을 완성한 다음에도 그의 시련은 끝나지 않았다. 교황이 미켈란젤로의 조수 중 한 사람인 비아지오 다 체제나Biagio da Cesena의 비평을 듣고 미켈란젤로에게 나체를 한 남자들의 성기를 가려야 한다고 명했기 때문이다. 그는 교황의 명을 거부했다. 그리고 화가 난 미켈란젤로는 오히려 지옥에 머무는 미노스의 얼굴에 비아지오의 그다지 잘나지 못한 얼굴을 그려 넣었다. 비아지오가 항의하자, 바오로 3세는 비아지오에게 이렇게 답했다. "화가가 그대를 연옥으로 보냈다면, 나는 그대가 거기서 벗어나도록 최선의 노력을 다할 것이오. 그러나 나는 지옥에 대해서는 아무 힘도 없소." 후에 그의 뒤를 이은 교황 바오로 4세는 다른 화가 다니엘레 다 볼테라Daniele da Volterra에게 전임 교황이 하고자 했던 일(남자의 생식기를 가리는 일)을 시켰다. (원래의 그림을 복원하기 위해) 1990년대에 대대적인 지우기 작업이 있었지만, 겹쳐 그려진 샅가구니 천가리개와 마름모꼴 무늬들은 지워지지 않았다. 바티칸 당국은 시간을 아무리 많이 들여도 그 부분을 제거하는 것은 불가능하다고 밝혔다.

미켈란젤로는 초자연성을 나타내는 데 흔히 쓰는 후광과 날개 같은 치장을 그리지 않았다. 그림에 들어 있는 유일한 날개는 하데스의 뱃사공 카론의 배 내지는 그 밑에 있는 어떤 피조물에 붙어 있는 것으로서, 다소 신비스러운 분위기를 낸다. 악마들에게는 당나귀의 귀, 또는 작은 뿔이 달려 있고, 미노스에게는 뱀 꼬리가 붙어 있는 것으로 그리고 있다. 그러면서도 악마와 천사들은 사람의 모습에 가깝고 성性 구별이 분명하다. 전형적인 짐승 형상의 한 악마가 그림에서 가장 유명한 인물——다름 아닌 준엄한 예수——을 공격한다. 그 사람의 얼굴은 자신이 정말 지옥으로 가고 있다는 사실을 처음으로 깨닫게 된 사람의 표정을 하고 있다.

천국의 네 강들은 그림 전체를 꿰뚫고 소용돌이 친다. 그리고 왼쪽(우리가 볼 때는 오른편)에서는 바람의 강물들이 스틱스 강으로 흘러 들어가고, 그 너머로 불타는 플레게톤 강이 흐른다. 지옥 자체는 그림 속에 나타나 있지 않다. 이 그림은 변경邊境을 그린 것이다. 연옥Purgatory을 나타내는 가운데 하단부에는 죄인을 굽는 가마솥 같은 것이 있는데, 소수의 사람들이 구원받는 장면이 보인다.

미켈란젤로의 「최후의 심판」의 일부. 여기 그려진 죄인은 자신이 마침내 빠져나올 수 없는 지옥으로 향하고 있음을 깨닫고 공포에 질려 있다. 이것은 서양 미술사에서 가장 유명한 이미지 중 하나다.

19

종교개혁
The Reformation

12세기 이후, 교회에 대한 불만은 탄압에도 불구하고 날로 높아 졌다. 성직자들의 부패, 무지, 위선, 자가당착적 태도는 순수한 종교 적 신념을 가진 사람들을 괴롭혔다. 특히 면죄부를 팔아먹는 뻔뻔 스러운 행위는 큰 반감을 샀다. 수도원의 막대한 부, 세금이 면제된 광대한 토지(유럽 전체의 1/3에서 1/2에 이를 정도였다), 집요한 헌 금 요구, 정치 간섭 그리고 교회법 집행을 위한 교회 법정 소유권 등은 세속 군주들을 분노하게 했다. 중산층 상업도시가 성장함에 따라 독재적 계층 구조의 봉건 제도는 급속도로 쇠퇴하였다. 14세 기에는 교황 두세 명이 동시에 존재하였고, 이는 교회 성무를 업신 여기는 경향을 부추겼다. 당시에 공개 화형은 대중의 여흥거리였고, 사람들은 이단자, 유태인, 문둥이, 마녀를 당연한 사냥감으로 여겼 지만, 그런 시대에도 이단심문의 잔혹함은 지각 있는 사람들을 격 분하게 했다.

15세기 중반, 인쇄기의 발명은 민중의 이러한 저항에 엄청난 도움을 주게 된다. 당시까지 교회는 평신도가 성서를 읽는 것은 이단이라는 입장을 고수했다. 신자의 국어로 번역된 것은 말할 것도 없고, 라틴 어 성경을 읽는 것조차 금하고 있었다. 그러나 13세기 이후로 번역 사본들이 암암리에 떠돌았고, 아무리 교회가 번역본을 태워 없애려고 안간힘을 써도(번역자를 체포했을 경우에는 번역자도 함께 태웠다), 인쇄기의 보급은 교회의 희망을 꺾어 버렸다. 게다가 참신한 사상을 담은 새로운 책들이 곧바로 더 많은 독서 인구를 확보하면서 유포되기 시작했다.

그 새로운 시대에 처음으로 베스트셀러 작가가 된 사람은 에라스무스Desiderius Erasmus of Rotterdam(1466?~1536)였다. 그의 책은 수십만 부나 팔려 나갔다. 품위 있는 작가이자 깊이 있는 휴머니스트였던 그는 『우신예찬The Praise of Folly』(1511)에서 풍자한 바와 같이, 중세 교회가 곧 붕괴할 것이라고 보았다. 그러나 그도 교회의 붕괴와 함께 일어날 대학살은 예견하지 못했다. 에라스무스는 플라톤을 옹호했다. 그리고 아리스토텔레스 철학을 수용한 스콜라 학파의 형이상학과 신학에는 다음과 같이 말하며 반대했다. "그들은 마치 연옥이 수학 공식으로 정확하게 측정할 수 있는 항아리쯤 되는 것처럼, 그곳에서 보내는 기간을 연, 월, 일, 시간까지 정확하게 계산하며, 마치 지옥에서 여러 해 살아 본 것처럼 그곳 풍경을 그려낸다!"

그리고 그는 교회가 벌이는 장사치 같은 사업, 예를 들면 면죄부 매매, 순례 여행, 죽은 자를 위한 미사, 그리고 구원을 위해 여타의 재정적 수단들을 동원하는 것에 반대했다. 그는 성서 자체에 대한 관심을 강조하고, 이성과 지적 자유에 기반을 둔 평화로운 도덕 개혁을 주창하였다. 한편, 여러 세기 동안 금서로 묶여 있던 오리게네스Origen의 저작이 그 무렵 다시 읽히기 시작하자, 에라스무스는 죽기 직전에 오리게네스의 신판을 준비했는데, 이 또한 시의적절한 일이었다. 에라스무스를 비판하는 사람들은 종교라는 이름하에 자행된 16세기의 소름끼치는 학살을 회고하면서, 그의 온건성을 맹렬하게 공격했다. 그들은 에라스무스의 온건성이 신념 부족 탓이라고 여겼다. 만약 에라스무스가 앞장을 섰더라면 낡고 사악한 예전의 교회를 조화롭게 개혁해서 단일성을 유지하고, 한 세기에 걸친 학살과 박해와 대량 살상을 피할 수 있었을 것이라고 그들은 믿었다.

실제로 그 시대의 지도자가 된 사람은 열정적인 성격의 소유자였던 사제 마르틴 루터Martin Luther(1483~1546)였다. 주석 광산 인부의 아들로 태어난 루터는 활달한 달변가였다. 그는 1517년 자신의 신념에 목숨을 걸고 비텐베르크Wittenberg 교회 정문에 면죄부에 반대하는 95개조의 논박문을 게시했다. 그는 색다른 투사였다. 스콜라 철학 타도, 성경으로 복귀, 면죄부를 비롯한 부패 척결 등 그의 목표는 에라스무스와 다르지 않았지만, 루터는 점진적 개혁은 불가능하다고 생각했다. 그에게는 대단한 정열과 의지가 있었으며, 하느님이 자신을 수도원으로 불렀고, 개혁자의 임무도 하느님이 직접 주었다고 스스로 믿고 있었다. 루터는 독일 국민과 제후들에게 교회에 불복할 것을 직접 호소했다. 그것은 아주 위험한 행동이었지만, 그는 자기 운명에 대한 믿음을 갖고 있었다.

수도원에서 루터는 아우구스티누스에 대해 공부하였고, 중세 학자들, 특히 아리스토텔레스를 추종한 스콜라 철학자들이 정도에서 벗어났다고 확신하게 되었다. 독서를 하면서 그에게 가장 감명을 준 생각은 예정론predestination이었다. "오직 하느님만이 인간을 구원하거나 벌할 수 있다." 루터는 아우구스티누스의 견해를 그렇게 받아들였다. 그러므로 루터가 볼 때 교회가 사후세계에 간섭하는 당시의 모든 구조는 잘못된 것이었고, 탐욕을 채우려는 사악한 인간들이 꾸며낸 것에 불과했다. 그는 곧 로마 교황청을 "사탄에 사로잡힌 적그리스도의 권좌"라고 여기게 되었다.

　루터는 연옥Purgatory이란 개념을 거부했다. 또, 중재자로서의 성모 마리아, 신격으로서의 성모 마리아를 포함하여 연옥과 관련된 모든 것을 거부했다. 그가 믿는 지옥은 아우구스티누스의 무섭고 영원한 지옥, 즉 전능하신 하느님이 사악한 자들을 벌하기 위해 창조한 지옥이었다. 어느 누구도 하느님의 은총이 없으면 구원받지 못하며, 그 심판 결과에 영향을 미칠 수 있는 길은 없었다. 선행善行을 쌓은 것은 하느님의 은총을 나타내는 표시일 뿐, 그 자체로는 아무런 영향력도 없고, 죽은 자를 위한 기도도 마찬가지였다. 또 하느님은 악마를 창조하여 타락의 운명을 짐지웠다. 루터는 옛날 사막의 교부들이 생각했던 것처럼 악마가 그를 괴롭힌다고 믿었고[1], 전형적인 중세인이 그랬듯이 그의 창자와 악마를 연관해 생각했다. 말하자면 몸의 고통을 모두 악마의 장난으로 간주한 것이다 ── 그는 실제로 위장에 가스가 차는 병과 심한 변비에 시달렸다고 한다. 루터는 마녀들이 존재한다고 믿었고, 마녀들이 악마와 계약을 맺었다고 믿었다. 이는 마녀 사냥이 카톨릭 쪽보다 개신교 쪽에서 더 잔혹했던 이유를 잘 설명해 준다.

　종교개혁의 두 번째 지도자는 칼뱅John Calvin(1509～1564)이었다. 그는 프랑스에서 태어났으나, 주로 제네바를 무대로 활동했다. 칼뱅은 학생 시절에 루터의 사상을 접했으며, 20대 초반에 개종했다. 칼뱅은 루터가 내세운 원리들에는 동의했으나, 예정론에 대해서는 훨씬 더 앞으로 나아갔다. 그는 태초부터 하느님이 미리 정해 놓은 계획이 효력을 발휘하는 것이 역사라고 생각했다. 17세기 중엽 케임브리지의 칼뱅주의자들이 말하는 것처럼 "인간이든 천사든, 어떤 자에게는 영생이, 어떤 자에게는 영원한 죽음이 미리 정해져 있다."고 주장했다. 따라서 그리스도는 만인을 위해 죽은 것이 아니라 단지 선택받은 자들을 위해 돌아가신 것이었다. 사탄은 신의 명령에 따라 사악한 자들을 벌하는 행동을 한다. 기도, 선행, 임종 때의 참회, 사죄, 그 어떤 것도 냉혹한 운명을 바꿀 수가 없다. 칼뱅은 '이중 예정설'2)이 가혹하다는 것을 인정하였다. 그렇지만 하느님의 전지전능을 전제하는 이상, 그것은 논리적으로 일관된 견해였다.

종교개혁의 세 번째 지도자인 츠빙글리Huldreich Zwingli(1484~1531)는 루터, 칼뱅과 함께 연옥Purgatory을 부정했다. 그러나 그는, 세례받지 못하고 죽은 아이들의 영혼이 머무는 림보Limbo의 존재를 인정했고, 죽음과 '최후의 심판' 사이의 중간 상태도 인정했다. 이 기간 동안 선택받은 자들은 아브라함의 '품'으로 간다고 칼뱅은 생각했다.

신에게 버림받은 인간의 운명은 의심할 여지 없이 「유다서」에서 악마가 받는 운명과 동일하다. 그들은 자신들에게 내려진 벌을 받기 위해 끌려갈 때까지 쇠사슬에 묶여 있는 것이다.

부활, 마왕의 존재 그리고 영원한 지옥에 대해서 그들은 아무런 의심도 하지 않았다. 오리게네스의 말에 따라 사면의 보편성을 주장한 재세례파3)는 루터 파와 카톨릭 양쪽에서 비난받으며, 이중으로 박해받았다. 반면에 아르미니우스Jacobus Arminius(1560~1609)는 '조건부 예정론conditional predestination'을 제안했다. 조건부 예정론에서는 자유의지로 예수를 믿는 자는 구원받도록 예정되어 있다고 보았다.4) 아르미니우스 파는 그 교의를 의심받기도 했지만, 프로테스탄트 교리 속에 점진적으로 파고들어 결국 이를 장악하였다. 그래서 오늘날 거의 모든 프로테스탄티즘은 어느 정도 아르미니우스의 색채를 띠고 있다.

　17세기 중엽에 이르러 마침내 종교 전쟁이 끝났다. 유럽의 어떤 나라도 이 전쟁의 영향을 받지 않은 곳이 없었다. 스위스도 마찬가지였는데, 이 나라는 종교 문제를 시민 투표에 붙였다. 이탈리아의 경우, 비록 베네치아와 피렌체에서 개혁주의자들이 불평불만을 터뜨렸고, 몇몇 사람들이 프로테스탄트의 스위스로 이주하기도 했지만, 여전히 카톨릭으로 남아 있었다. 그 이유는 일찍이 문예부흥 운동이 일어났고, 그에 대한 관심을 일깨웠던 고전적 고대classical antiquity와 밀접한 관련이 있었던 곳이 바로 이탈리아였기 때문이다. 그리고 오랜 교황적 위계 질서가 이탈리아 귀족 정치와 친족적 연결을 맺고 있었기 때문이기도 했다. 종교 재판을 엄격히 행한 덕에 스페인에도 그럭저럭 카톨릭의 통제가 미쳤다. 또 포르투갈과 아일랜드도 카톨릭으로 남았고, 오스트리아, 동부 유럽, 그리고 불안하지만 프랑스도 그랬다.

　스칸디나비아 반도의 모든 나라들은 루터주의를 국교로 채택하였고, 16세기 중반에는 독일에서도 루터주의를 합법화했다. 독일은 지금도 어중간한 프로테스탄트 국가로 남아 있으며, 루터 파와 칼뱅 파로 반분되어 있다. 스코틀랜드는 프랑스의 위그노Huguenot 장로교를 채택한 존 녹스John Knox(1505~1572)가 주도해서 스위스와 마찬가지로 칼뱅을 추종했다. 네덜란드에 대해 이단 심문을 하려고 했던 스페인 왕 펠리페 2세는 격렬한 저항을 받았다. 그 결과 네덜란드는 프로테스탄트의 홀란드와 카톨릭의 벨기에로 나뉘었다.

　영국에서는 헨리Henry 8세(1491~1547)가 신앙 문제가 아니라 정치적인 이유로 로마와 불화하기 시작했고, 영국 국교회는 '교황 없는 교황권'을 행사하고자 했다. 헨리 8세는 새로 유행하는 프로테스탄트 사상의 동조자들을 이단으로 몰아 화형에 처했고, 교회와 국가의 결합에 대해 불안감을 표시한 주교들의 목을 베었다. 그는 수도원들을 해산하고 그 땅과 소유물을 빼앗았다. 그는 영어판 성서의 편찬을 장려했고, 가톨릭의 우상 숭배적 요소를 제거하면서도 고래古來의 미덕을 충실히 담은 영어판 「공동 기도서Book of Common Prayer」를 권장했다. 아들 에드워드Edward 6세도 헨리의 정책을 유지했다. 그리고 '피의 메리 여왕Bloody Mary'이 영국을 가톨릭 국가로 되돌리기 위해 갖은 노력을 기울였지만, 때는 이미 늦었다.

영국으로서는 엘리자베스 1세의 오랜 통치(1558~1603)가 큰 행운이었다. 여왕은 동시대의 다른 통치자들이 갖지 못한 타고난 능력으로 협상과 절충이라는 두 기술을 한껏 활용했다. 영국 국교회는 엘리자베스 여왕을 최고 통치자Supreme Governer(이 용어는 여자 '우두머리'에 거부감을 느끼는 사람들의 불쾌감을 피하기 위해 쓰는 것이었다)로 삼는 국교를 유지했다. 카톨릭 교도들은 벌금형에 처해졌지만, 박해받지는 않았다. 영국 의회가 교황권과 미사를 거부한 다음 해인 1560년에 스코틀랜드 장로파도 교황권과 미사를 거부했다. 진부한 표현이지만, 엘리자베스 시대는 영국의 르네상스 시대였다. 아주 중요한 시기에 현명한 통치자를 얻었다는 점에서, 행운의 여신은 영국을 향해 이중으로 미소짓는 듯했다.

엘리자베스 시대의 영광은 그 시기에 등장한 희곡 문학, 특히 윌리엄 셰익스피어William Shakespeare(1564~1616)의 희곡에 있었다. 셰익스피어가 천국과 지옥에 대한 주제를 다루지 않은 것은 약간 놀랄 만한 일인지도 모른다. 그러나 사실 당시에는 그 주제를 다루지 못하게 되어 있었다. 전통적인 기적극miracle drama은, 자체의 저급하고 소란스런 장면 때문에 16세기 중엽에는 거의 전지역에서 금지되었다. 영국에서 기적극은 1584년 코벤트리Coventry에서 열린 것이 마지막이었다. 영국 의회에게 마지막 남은 눈엣가시 같은 작품은 1589년경 말로우Marlowe가 내놓은 『파우스투스 박사의 비극적인 이야기Tragical Historie of Doctor Faustus』다. 1594년에서 1597년 사이에 그 작품이 23차례 상연되었다는 기록이 있지만, 포고령을 내린 뒤 이런 종류의 극들은 더 이상 존재할 수 없었다. 종교극religious play은 불과 몇 년 전까지만 해도 유일한 대중 연극으로 남아 있었지만, 이것도 금지되었다. 이 해는 셰익스피어가 작가의 삶을 시작한 바로 그 해(1589)였다. 이런 극들이 금지된 마당에 셰익스피어와 동시대 극작가들에게 남은 길은, 새로운 형태의 세속적 민중 오락을 만들어 내는 것이었다. 이 시대까지 통속극은 현학적이고 부자연스러웠으며, 한정된 상류계급 관객을 위해 상연되었다.

따라서 『파우스투스 박사』는 시대의 전환점에 위치한 작품이었다고 할 수 있다. 『파우스투스 박사』는 논쟁의 소지가 다분한 극이었고, 그 작품의 작가인 크리스토퍼 말로우(1564~1593) 역시 물의를 일으킬 여지가 있는 젊은이였다. 그의 적들은 그가 무신론자이며 불경스럽고, 첩자 노릇을 하며 부도덕하다는(동성연애를 한다는) 비난을 하였다. 사실 이 모든 비난은 진실에 가깝다고 할 수 있다. 말로우의 아버지는 제화공으로서 길드 회원이었다. 아버지의 경제 형편상 말로우는 장학금을 받아야만 케임브리지에 갈 수 있었다. 그는 몇 가지 경범죄 때문에 학위를 못 받을 뻔했지만, 직접 중재에 나선 국왕이 "거장 말로우는 '국익에 영향을 주는 문제들 때문에' 학업을 소홀히 했던 것 같다."면서 그를 옹호한 덕에, 1584년에 학위를 받았고 3년 후에는 다시 문학석사 학위까지 받았다. 세간에는 그가 예수회원들을 염탐하기 위해 몇 달 동안 랭스Rheims에 파견된 적이 있다는 소문이 있었는데, 대학 당국에서는 그것을 오인하여 그가 카톨릭으로 개종할까봐 두려워했던 것 같다. 당시 영국에서 카톨릭 교도들은 대학에서 공부할 수는 있었지만, 학위를 받을 수는 없었기 때문이다.

말로우는 극작가로서 빠르게 성공을 거두었다. 23세에 발표한 『탬벌레인 대왕Tamburlaine』(1587?)에서는 강인한 영웅을 창조해 냈고, '말로우적인' 무운시無韻詩에서는 낭랑하면서도 구르는 듯한 언어를 구사했다. 그러나 그의 가장 유명한 희곡은 역시 『파우스투스 박사』다.

『파우스투스 박사』는 『요한 파우스텐 박사의 이야기Historia von Dr. Johan Fausten』라는 1587년판 독일어 책을 기초로 한다. 이 책은 1592년 신사 피 에프P. F. 라 불린 사람이 영어로 번역했는데, 말로우가 희곡을 쓴 시기는 이보다 앞선 1589년쯤인 것 같다. 피 에프의 책 표지에는 "요한 파우스투스 박사의 비난받아 마땅한 삶과 응분의 죽음에 대한 역사 ─ 새로 인쇄한 판본이며, 필요한 부분은 수정했고……'라고 써 있으므로 그 전 판본이 있었음을 추측할 수 있다. 지금은 소실된 이 책을 보통 『파우스트 서Faust book』라고 부른다.

영혼을 악마에게 파는 철학자에 대한 이야기는 오래된 것이며, 기독교 전설에서는 사마리아의 시몬 마구스Simon Magus of Samaria 까지 거슬러 올라간다. 시몬 마구스는 1세기의 영지주의자이자 마법사로서 사도 빌립에게서 세례를 받았다(사도행전 8장 5절). 그리고 2세기의 외경인 「베드로 행전Acts of Peter」에 따르면, 베드로가 그를 떨어뜨려 머리가 깨져 죽는데, 죽기 전에는 로마 광장에서 요술을 부리며 날아다니는 모습으로 묘사되기도 했다. 과거에 창녀였던 헬렌Helen이라는 여자가 그와 함께 여행을 하는데, 시몬은 그녀가 환생한 트로이아의 헬레네(그리고 소피아, 이브, 노아의 부인, 막달라 마리아)라고 주장했다. 이렇게 해서 헬렌이 처음으로 그 이야기 속에 들어가게 되었고, 거의 항상 그 책 속에 남아 있게 되었다. 신성한 물건들을 팔고 교환하는 것을 일컫는 '시모니simony'라는

말은 시몬 마구스의 이름에서 따온 것이었다. 프로테스탄트들에게
는 로마 카톨릭의 면죄부와 성직 판매가 어리석은 시모니로 비쳤기
때문에, 시몬이라는 이름은 종교 전쟁 동안 수없이 세인의 입에 오
르내렸다. 시몬은 '거짓 예언자'의 전형이었고, 모든 기독교 이단의
아버지로 여겨졌다. 단테는 제8환에서 그를 아주 깊은 곳으로 떨어
뜨려 놓았고, 적그리스도의 표상으로 여겼다. 이 시기에 프로테스탄
트들은 교황을 적그리스도라며 경멸했다.

중세 사람들에게 사랑받고, 삽화로 자주 그려졌던 이야기는 테오
필리스Theophilis의 역사에 대한 것이었다. 아마도 테오필리스는 아
르다나Ardana라고 불린 터키의 한 도시 교회의 부제副祭가 아닌가
싶다. 새로 임명된 주교가 자신을 해고하자, 테오필리스는 악마와
접촉하기 위해 유대 인 마법사에게 간다. 거기서 그는 성공과 부에
대한 대가로 영혼을 교환한다는 계약서에 피로 서명을 한다. 성공
과 재물을 얻었지만 양심이 그를 괴롭혔다. 그는 악마와 다시 흥정
하려고 시도해 보았지만 실패하였다. 성모 마리아에게 기도를 하던
도중 잠이 든 그는 꿈을 꾸었는데, 성모 마리아가 그가 맺은 계약
증서를 들고 나타났다. 성모는 자신이 지옥에 내려가 악마에게서
그것을 몸소 빼앗아 왔다면서, 테오필리스가 용서를 받았다는 이야
기를 해 주었다. 잠에서 깨어났을 때, 그는 그 증서가 옆에 있는 것
을 발견하고 나서 고백성사를 하고, 평화 안에서 죽음을 맞이하였
다. 이 이야기는 성모 마리아와 악마가 맞붙어 싸우는 수십 가지의
구원 이야기들 중 가장 유명한 것이다.

실제 인물 파우스투스 박사는 1509년에 하이델베르크에서 문학
사 학위를 받았다. 다음에 나오는 그에 관한 일화는 일단 역사적으
로 확인된 것이다. 감옥에 있을 때 그는 그곳 사제에게 만일 공짜로
포도주를 마시게 해 주면, 그 대가로 면도칼 없이 얼굴과 머리에 있

13세기 프랑스 필사본에 그려진 테오필리스Theophilis. 여기 나오는 악마는 마귀 복장과 가면을 착용한 무대 배우를 그린 것임에 틀림없다.

는 털을 없앨 수 있는 방법을 보여 주겠노라는 제안을 했다. 포도주가 도착했고 파우스투스는 사제에게 비소砒素가 들어 있는 고약을 주었다. 물론 이 고약은 사제의 머리카락뿐 아니라 그의 피부까지도 없애 버렸다. 분명 이 가학적인 익살꾼은 점성가나 연금술사, 마술사로 개업을 했던 듯하다. 또는 지금 우리가 초기 르네상스 시대의 과학자라고 생각하는 모든 인물들, 예를 들어 니콜라우스 코페르니쿠스(1473~1543), 존 디John Dee(1527~1608), 티코 브라헤 Tycho Brahe(1546~1601), 지오르다노 브루노Giordano Bruno(1548?~1600), 프란시스 베이컨(1561~1626), 갈릴레오 갈릴레이, 요하네스 케플러 모두에게 어울리는 호칭인 '철학자'이기도 할 것이다. 17세기도 꽤 지난 시기에 뉴턴은 연금술을 공부했고, 한 세기가 지난 후에 괴테 역시 연금술을 공부한 것이다.

스콜라 철학이 프로테스탄트들에게 그랬던 것과 마찬가지로, 비종교적 연구는 카톨릭 교도에게 골칫거리였다. 모든 학식 있는 사람들이 '금지된' 지식을 추구하면서 얼마간 악마와 협력하고 있다고 믿어지기 십상이었다. 그러나 핵 시대에 살고 있는 우리라고 해서 이런 태도를 성급히 조롱해서는 안 된다. 그리고 대략 1590년에서 1620년까지는 마녀 사냥의 거대한 첫 물결이 유럽을 휩쓴 시기임을 명심해야 한다. 말로우가 『파우스투스 박사』를 집필하던 당시 『맥베스Macbeth』에 나오는 것과 같은 '악마적인 인간들' 또는 '악마와의 계약'이라는 개념은 상당히 널리 퍼져 있었다.

『파우스트 서』는 독일의 악명 높은 의사에 대한 여러 전설들을 하나로 모아 뒤섞은 책이다. 말로우의 희곡 내용이 도중에 어수선한 흐름으로 바뀌는 것은, 원본을 충실히 따랐기 때문이다. 그는 여기서도 새로운 전통을 창조한다. 파우스트Faust의 긴 계보에 속하는 주요 저작물들은 한결같이 어수선하다는 특징이 있다(『도리언 그레이의 초상The Picture of Dorian Gray』 같은 단편 작품들도 도중에 혼란스러워진다. 결국 지옥의 특징 중 하나가 혼돈chaos인 것이다).

메포스토필리스Mephostophilis는 말로우가 『파우스트 서』의 새 등장인물인 '위대한 루시퍼의 하수인'에게 붙인 이름이다. 사탄이 구약성서에서 여호와의 세속적 대리자였던 것과 꼭 같다. 메포스토필리스는 그리스 어로 빛을 증오하는 자Not-light-lover라는 뜻이다. 보통은 메피스토Mephisto라고 쓰는데, 이것은 라틴 어의 메피투스mephitus, 다시 말해 '악취가 나는stinking'의 뜻에 가깝다. 말로우의 이 악마는 때때로 전통적인 야단스런 도깨비들imps의 시중을 받기도 하지만, 침통하고 심술궂고 심지어는 감상적인 구석도 있다. 그는 라블레의 작품에 나오는 고상하고 약아빠진 마법사, 파뉘르즈Panurge5)('모든 것을 만든다'는 뜻이며, 영지주의의 조물주 데미우르고스Demiurge를 흉내낸 이름)를 원용한 듯하다. 메포스토필리스는 유혹자도 거짓말쟁이도 아니다. 대신 그는 자신의 운명에도 파우스투스의 운명에도 개의치 않는다. 파우스투스는 회의주의적인 '과학적' 사고방식 때문에 영혼도 지옥도 믿지 않는다. 사후에 어떤 세상이 있다면, 파우스투스는 흔쾌히 그리스·로마 신화의 내세를 택할 것이다.

> '천벌damnation'이란 말도 나를 위협하지 못한다,
> 나에게는 지옥도 낙원도 하나이므로.
> 내 영혼은 옛날의 철학자들과 함께 하노라.

그렇지만 파우스투스는 호기심이 많은 사람이다. 그는 메포스토필리스에게 이것 저것 캐묻는다.

파우스투스 : 루시퍼와 함께 사는 너는 대체 누구냐?

메포스토필리스 : 루시퍼가 하느님께 대항할 때 함께 했고, 그가 떨어질 때 함께 떨어졌고 그와 함께 영원토록 저주받은 불행한 영혼이다.

파우스투스 : 너는 어디에서 영벌을 받느냐?

메포스토필리스 : 지옥에서.

파우스투스 : 그렇다면 어떻게 지옥에서 나왔느냐?

메포스토필리스 : 무슨 얘기를 하는가? 여기가 바로 지옥이다, 나는 지옥 밖으로 나오지 않았다. 생각해 보라, 하느님의 용안을 뵙고 천국의 열락을 누리던 내가 영원한 행복을 잃게 되었는데, 그 고통이 만 개의 지옥과 같은 것이 아니고 무엇이겠는가?

그러자 다시 묻는다.

파우스투스 : 그렇다면 지옥은 대체 어디에 있는지 말해 보라.

메포스토필리스 : 하늘 아래에.

파우스투스 : 아니, 이 세상 만물은 다 하늘 아래 있지 않은가. 지옥은 어디쯤 있는가?

메포스토필리스 : 우리가 고통받으며 영원히 머무는 곳에 있다. 지옥은 경계도 없고 고정되어 있지도 않다. 우리가 있는 곳이 지옥이다. 또 지옥이 있는 곳에 우리도 영원히 있다. 요컨대 온 세상이 해체될 때 모든 피조물은 깨끗해지고 모든 곳이 지옥이 되고, 천국은 어디에도 없으리라.

파우스투스 : 죽고 나면 어떤 고통이라도 있을 것이라고 나 파우스투스가 생각하고 있는 줄 아느냐? 아니다. 그런 것들은 한 푼 값어치도 없는, 늙은 아낙들이나 하는 사설에 지나지 않는다.

메포스토필리스 : 그러나 파우스트, 내가 그 증거가 아니냐? 나는
저주받은 몸이고 지금 그대로 지옥에 있는 것이다.
파우스투스 : 어째서 여기가 지옥이란 말이냐? 오냐, 좋다. 이곳이
지옥이라면 나는 기꺼이 여기서 벌을 받겠다. 어떻게? 잠자고,
먹고, 걸어다니고, 입씨름하면서.

파우스투스는 이 세상이 지옥이라는 주장을 받아들이지만, 메포
스토필리스는 이 세상이 지옥이라는 영지주의적 견해를 내세우려
고 하는 것은 아니다. 메포스토필리스는 '유죄 선고를 받는 고통
poena damni'과 '죄인들이 육체로 경험하는 고통poena sensus'이라
는 오래된 이분법을 사용하고 있다. 그는 이 두 가지 벌을 교묘하게
뒤틀어 영원한 지옥으로 떨어진 악마가 어떻게 이 세상을 조종할
수 있는지 설명하고자 하였다. 악마는 육체의 고통보다는 박탈감이
라는 고통으로 몸부림치고 있는 것이다. 『파우스트 서』의 지은이보
다 학식이 높았던 말로우는 자신이 프로테스탄트이기 때문에 그러
한 이분법의 사용도 용인될 수 있다는 사실을 알고 있었다 (하지만
연옥이라는 정화의 장소를 얻은 카톨릭 교도들에게는 그런 이분법
이 허용되지 않았다). 물론 파우스투스는 마침내 실제적이고 물리적
인 지옥을 앞두고, 눈물을 자아내는 통속극에서처럼 육체의 고통
poena sensus을 당하게 된다. 이런 결말은 관객들이 충분히 예상했
던 것이다.

루시퍼, 바알세불, 메포스토필리스가 천둥 속에서 나타나 파우스
투스가 마지막으로 고뇌하는 모습을 지켜본다. 중세의 세밀화에서
볼 수 있듯이, 임종에 처한 사람의 영혼을 차지하려고 서로 다투는
선의 천사와 악의 천사들이 나타난다. 그런데 선한 천사들이 권리
를 포기하자, 장막이 걷히고 무서운 지옥의 입이 열린다.

“오 파우스투스여 / 이제 네 생명은 겨우 한 시간밖에 남지 않았
다.”로 시작하는 파우스투스의 처절한 독백은 배우라면 누구나 한
번쯤 연기해 보고 싶어하는 대목으로 유명하다. 그리고 명배우 에
드워드 알렌[6]은 이 독백이 그를 위해 씌어졌다고 해도 좋을 정도로
이 부분에서 무대 전체를 뒤흔드는 열연을 했다. 그런데 이와 같은
감동적인 시구와는 별도로, 여기에는 미묘한 사상적 문제가 숨겨져
있었다. 파우스투스 이야기는 테오필리스 이야기와 달리, 주인공이
지옥에서 구원받을 길이 없다는 것이다. 파우스투스의 죄악이 너무
컸기 때문이 아니라, 프로테스탄티즘이 어떤 중재자의 중재도 인정
하지 않았기 때문이다. (얼핏 보기에는 스스로 선택한 것 같지만)
파우스투스의 지옥행은 예정된 것이었고, ‘하느님의 엄청난 진노’를
피할 도리가 없었던 것이다. 그는 전대미문의 매우 아름다운 시구
로 그리스도에게 호소한다.

아아, 우리 주님 계신 곳으로 올라가련다!
나를 밑으로 끌어당기는 자는 대체 누구인가?
보라, 보라, 그리스도의 보혈이 흐르는 창공을 보라.
그의 피 한 방울만으로도 나는 구원받을 수 있으리라.
오 그리스도여……
그리스도의 이름을 부르는 내 가슴을 찢지 말지어다.
나는 그리스도께 청하련다……오 나를 살려다오, 루시퍼…….

그러나 프로테스탄트 교리 안에서는 그 누구의 자비도 엄정한 심
판을 누그러뜨릴 수 없기 때문에 임종 직전에 회개한다 해도 아무
소용이 없을 것이라는 점에 대해서, 루시퍼는 예전에 이미 파우스
투스에게 경고해 두었다.

파우스투스 박사를 연기하는 에드워드 알렌Edward Alleyn.

그리스도는 네 영혼을 구해 줄 수 없다.

그는 엄정하기 때문이다.

나도 그의 뜻에 충실히 따르는 길 말고 다른 방도가 없구나.

파우스투스의 가슴 저미는 애원도, 그가 상기한 피타고라스의 철학(윤회설)도, 그 어떤 것도 그가 받을 영원한 벌을 한 치도 덜 수 없고, 지옥문 안에서 그의 사지를 찢어발기려고 괴성을 지르는 악마들의 손아귀에서 그를 벗어나게 해 주지도 못한다. 그리스도의 피 한 방울이라는 이미지는 성서에서 부자가 아브라함에게 물 한 방울을 청했던 것을 언급하는 것이다.*7)

말로우는 말다툼을 하다가 칼에 찔려 죽었는데, 그가 서른 살도 되기 전이었다. 『로미오와 줄리엣』에서 퀸 맵8)의 말솜씨로 능변을 구사하는 익살꾼 머큐쇼Mercutio는 말로우를 모델로 한 것이라고 한다. 그것이 사실이 아닐지라도 매우 타당성 있는 추측이다.

셰익스피어는 부분적으로는 그의 경쟁자인 말로우 덕택에 종래의 문학 전통에서 벗어나게 되었고, 그것은 셰익스피어 자신에게 어떤 해도 끼치지 않았다. 그의 희곡에는 당시의 미신이나 믿음을 여실히 보여 주는 매력적인 장면들이 많고, 그러한 것들은 그가 종교적 주제들을 피하기 위해 얼마나 고심했는지 아주 잘 보여 준다. 가령 『햄릿Hamlet』(1602)은 —— 신학적으로 건전한 『파우스투스 박사』와는 달리 —— 온갖 종말론적 모순의 혼란스런 총체였고, 또한 민중의 격식 없는 신앙을 그대로 반영하는 거울이었다.

『햄릿』에는 우선 망령ghost이 등장한다. 당시 대부분의 사람들이 망령을 믿었고, 카톨릭 교회는 망령들을 연옥과 관련지었다. 셰익스피어도 (『맥베스Macbeth』에서는 아니지만) 『햄릿』에서 망령의 입을 빌어 연옥에 대해서 이야기한다. 셰익스피어는 카톨릭 신자가 아니었던 데다가, 영국 국교회『공동 기도서』제22조는 연옥이 '분별 없는 것'이고, '하느님의 말씀에 모순하는 것'이라며 거부하고 있다. 그러므로 엘리자베스 시대의 일상적인 신앙 속에는 연옥이 아직 남아 있었다고 볼 수도 있고, 아니면 망령이 그릇된 교리에 대해 언급한다는 것 자체가 망령이란 변장한 악마와 다름없음을 보여 주는 증거라고 볼 수도 있다.

> 나는 네 아비의 망령,
> 밤에는 겨우 정해진 시간을 헤매다니지만
> 낮에는 겁화劫火 속에 갇혀서 단식의 고통을 당한다.
> 생전에 저지른 비열한 악행이
> 불에 타서 깨끗이 씻길 때까지는 참아야 한다.
> 내가 살고 있는 곳의 비밀을 누설하는 것이 허용된다면
> 내가 말하는 한 가지 이야기만으로도
> 네 정신은 완전히 혼란해지고 그 젊은 피는 얼어붙을 것이며
> 두 눈알은 유성처럼 튀어나가고
> 헝클어진 네 머리카락도 온통 풀어져서
> 고슴도치의 가시처럼 곤두서게 되리라.

햄릿은 숙부 클로디어스가 부왕을 죽였다는 사실을 '쥐덫'⁹⁾의 계략을 써서 알아낸다. 하지만 숙부가 기도하고 있을 때 죽이면 자칫 그를 천국으로 보내게 될까봐 살해를 뒤로 미룬다. 그리고 클로디어스가 육체의 향락에 빠질 때까지 기다리기로 한다.

> 그때에 일격을 가하면 놈의 뒷발은 하늘을 차고
> 오욕스러운 영혼은 지옥 같은 시커먼 빛깔에 물들어

그대로 거꾸로 떨어질 것이다.

그것은 아주 전통적인 생각이었지만——종막 부분에서 호레이쇼Horatio가 읊는 대사, '천사들의 노래에 실려 안식의 세계로 가소서.'라는 구절을 빼면, 극중에서 유일하게 전통적이고 종교적인 사고방식을 담은 부분이다——, 다른 측면에서 보면 햄릿이 선왕의 망령을 보고도 진짜인지 확신하지 못했기 때문에 내세운 단순한 변명에 불과할지도 모른다. 그 밖에 다른 장면에서 보이는 내세관은 불분명하다.

누가 이 무거운 짐을 걸머지고
지루한 인생고에 신음하며 진땀을 빼겠는가.
사후의 어떤 것에 대한 공포,
한 번 가면 돌아오지 못하는 저 미지의 나라가
우리의 의지를 흐려놓지 않았던들,
그리고 그 미지의 나라로 날아가기보다
오히려 이 세상의 번민을 짊어지도록 마음먹게 하지 않았던들.

햄릿 왕자의 명상은 당시 프로테스탄트나 카톨릭 교회의 어느 쪽 생각에도 부합하지 않는 것이었으며, 어떤 면에서 오히려 더 근대적인 것이었다.

묘지에서 햄릿은 해골을 가지고 놀면서 알렉산드로스 대왕이나 카이사르의 유해가 진흙이 되어 맥주통의 구멍을 메우는 데 쓰일지도 모른다는 농담을 하고, 『죽음의 무도Dance of Death』를 인용하기도 한다. ("자, 내 아내의 방으로 가서 이렇게 말하고 오너라. 얼굴에 분을 한 치나 발라도 결국 이런 꼴이 되는 거라고.") 이것은

사후세계가 아니라 죽음 자체를 강조한 15세기의 죽음의 표징mo-
mento mori이다. 『맥베스』(1606)에 나오는 '먼지 같은 죽음dusty
death'도 역시 마찬가지다. 『맥베스』는 마법적이고 악마적인 것에
깊이 기대고 있지만, 거의 과도할 정도로 사후세계에 대한 언급을
기피하고 있다. 그보다 30년 전쯤에 씌어진 이야기였다면, 맥베스
와 그 아내는 곧장 지옥의 입으로 떨어졌을 것이다.

　『자에는 자로Measure for Measure』(1604)에서 클로디오Claudio는
햄릿의 위대한 대사를 재현하고 있다. 불길과 얼음, 파올로와 프란
체스카처럼 바람에 갇힌 영혼, 고문 때문에 신음하는 소리 같은 지
옥의 오래된 광경을 묘사하고 있지만, 전적으로 중세적인 것 같지
는 않다.

> 그러나 죽어서 어느 곳인지도 모르는 곳으로 간다는 것은
> 차디차게 꼼짝 않고 누워서 썩는다는 것은,
> 이렇게 살아 움직이는 따스한 육체가
> 이겨 놓은 진흙이 되고
> 즐거워하던 영혼이 불다바 속에 빠져 든다든지,
> 또는 두껍게 둘러쌓인 몸서리쳐지는
> 얼음 지옥 속에 파묻히게 된다든지
> 공중에 매달려 있는 지구 둘레를 쉬지 않고 강렬하게 불어대는
> 형체 없는 바람 속에 갇혀 있게 된다든지
> 또 무법 천지의 덧없는 생각으로도 상상 못 할
> 가장 고약한 괴로움을 당하게 된다는 것은
> 너무도 무서운 일이야.
> 늙는다든지 병고라든지 감옥에 갇힌다든지
> 이런 가장 진저리나고 가장 싫은 이승의 일도

죽음의 공포에 비하면

그래도 마땅히 극락이라 할 수 있지.

여기까지가 셰익스피어가 이 주제에 대해 표현하는 전부다. 확증할 수는 없지만, 필경 극작가들은 중세풍의 진부한 표현들clichés에 식상해 있었을 것이다. 비록 이아고Iago와 맥베스는 자신을 (득의양양하게) 악마들에 비유하고 있고, 앤Anne 여왕은 리처드 3세[10]를 악마라고 노골적으로 힐난했으며, 그녀의 남편은 『리어 왕』에 나오는 고네릴[11]을 그렇게 불렀다. 그러나 셰익스피어가 묘사한 극악무도한 자들은 여전히 철저하게 인간적이다. 공포에 대한 서술들은 존 웹스터John Webster와 시릴 터너Cyril Tourneur의 복수극에서 특별히 점점 더 잔인해지고 파렴치해지는데, 그런 경향은 셰익스피어의 『타이터스 앤드로니커스Titus Andronicus』에서도 두드러진다. 그러나 셰익스피어의 어떤 희곡에도 웹스터의 『몰피 공작부인The Duchess of Malfi』(1613)만큼 무시무시한 죽음을 연상시키는 구절은 없다.

나는 지옥에 대한 이런 저런 의문으로 어지럽다.

지옥에는 단 한 가지, 영겁의 불길만이 있지만

모든 이가 한결 같은 고통을 당하지는 않는다고 그는 말한다.

그를 썩 꺼지게 하라, 죄지은 자의 양심이란 얼마나 끈질긴가!

뜰에 있는 연못을 들여다 보고 있으려니,

갈퀴가 달린 것 같은 어떤 것이

나를 때리려 하는 듯하다.

프랑스 데카당트 파의 어떤 작가도 이와 같은 심상心象이나 염세성을 표현하지 못했다.

20

바로크 시대의 지옥
Baroque Hell

종교개혁이 일어나기 전 교회는 도미니코 회 수도사들과 프란체스코 회 수도사들 사이의 알력으로 당혹스러운 상황에 처해 있었다. 종교 전쟁이 발발하자 그들은 어려움을 잠시 모면할 수 있었지만, 곧 설 자리를 잃고 말았다. 베네딕트 회 수도사들만이 윤택한 생활을 하고 있었는데, 빈궁해진 군주들은 베네딕트 회마저 그냥 놔두지 않았다. 그리하여 반反종교개혁 운동을 주도할 임무는 참신하고 정력적인 예수회Society of Jesus에 맡겨졌다. 예수회는 유서깊은 바스크 귀족 집안의 막내로 태어난 이그나티우스 로욜라Ignatius Loyola (1491~1556)가 1540년 창립한 단체였다. 로욜라는 전쟁에서 부상을 입고 현역에서 물러난 뒤, 긴 요양기간 동안 아서 왕 이야기를 비롯한 궁정 로망스와 여러 성인들의 전기를 탐독했다. 이러한 독서 경험을 통해 그는 신성한 기사도라는 봉건적 이상에 대해 깊이 생각하게 되었다. 완치 후에 그는 공부하겠다는 결심을 했고——젊은 기사로서 그가 받은 교육은 초보적인 수준이었다——33세에 바르셀로나에 있는 대학에 입학했다. 그 후 이단심문의 화를 피해[1] 파리로 건너간 로욜라는 그곳에서 44세에 마침내 문학석사 학위를 취득했고, 그가 새로운 단체를 설립하는 데 도움을 줄 여러 친구들을 사귀게 되었다. 그가 창립한 교단은 카톨릭을 개혁하고 프로테스탄트 세력이 잠식해 오는 것을 저지하기 위한 효과적인 지휘 계통을 세워 발전시켰다.

예수회의 이념은 자기 자신의 영혼만이 아닌 이웃의 영혼도 함께 구원하는 것이었다. 그런 점에서 예수회는 교육과 선교를 함께 행하는 교단이다. 예수회원들은 예수회의 신념을 아시아와 동남아와 인도 차이나 반도들에 있는 국가들 그리고 아메리카 대륙으로 전파하였다. 그들은 카톨릭의 전통적 체계에 진실함, 생명력, 신선한 사상을 불어넣었다. 또한 새로운 바로크 예술[2]에도 똑같은 영향을 미쳤다. 그들은 과학 분야에서도——한정된 분야에 한해서는——당시의 흐름에 뒤쳐지지 않았다. 17세기 초 중국에 간 예수회 선교사들은 정확하게 일식을 예측하였다. 나중에 그들은, 지구가 태양 주위를 도는 것은 인간의 영혼이 부동의 신 주위를 도는 것과 같다는 견해를 표명함으로써 갈릴레이가 겪었던 좌절을 피해 간다(1992년에 이르러서야 바티칸은 갈릴레이 문제와 관련하여 실수한 것일지도 모른다고 공식적으로 시인했다).

근대 초기, 인쇄된 서적이 유통되고 교육 수준에도 변화가 나타나기 시작할 무렵, 교육에 힘쓰던 예수회 수도사들은 재빠르게 사회에 영향력을 행사하고 변화를 선도할 수 있는 위치를 차지했다. 왜냐하면 그들에게서 가르침을 받은 학생 대부분이 부유하고 권세 있는 집안의 자제들이었기 때문이다. 부르크하르트Jacob Burkhardt는 『이탈리아의 르네상스 문명The Civilization of the Renaissance in Italy』에서 다음과 같이 언급했다. "르네상스가 최고조에 달한 시기에 이탈리아 중상류 계층 사람들이 교회에 대해 느끼는 감정은, 경멸에 찬 뿌리 깊은 반감, 일상화된 외형적 교회관습 묵인, 그리고 성사聖事와 각종 의식에 대한 의존감, 이 세 가지가 뒤섞인 것이었다." 예수회는 그런 감정을 바꾸어 놓는 작업에 착수했다.

그 효과적인 접근 방법의 하나가 지옥을 바꾸는 것이었다. 당시까지의 지옥은 확실히 무시무시한 부분도 있지만, 그와 동시에 시선을 잡아 끄는 활극적 요소도 많았다. 사실 예수회가 보기에는 지나칠 정도로 오락적이었다. 지옥은 교육받지 못한 사람들에게 공포심을 불러 일으켜 선행을 유도할 수도 있었지만, 사회적으로 중요한 위치에 있는 사람들은 지옥을 그다지 심각하게 받아들이지 않았다. 그래서 예수회는 거추장스런 장식을 없애 버렸다. 그들은 불구덩이를 제외한 모든 고문을 없앴고, '결코 잠들지 않는 벌레'만을 남겨 놓고 나머지 괴물들도 전부 없애 버렸다. 물론 불과 벌레가 공존할 수 있는지에 대한 의문이 남기는 했다(아마도 그 벌레는 나쁜 양심에 대한 은유일 것이다). 그들은 당시 상황에 딱 맞아 떨어지는 것──바로 도시적인 비열함을 지옥에 첨가했다.

예수회가 말하는 지옥은 사람들로 꽉 들어차서 참을 수 없을 정도로 숨이 막히고 불쾌했다(아마도 새로 이주한 프로테스탄트들이 수백만이나 되었기 때문이리라). 지하 토굴과 시궁창을 한데 혼합해 놓은 것 같이 몹시 습하고, 폐쇄 공포증을 일으킬 것만 같은 그곳에는 고상한 체하던 귀족들과 부유하던 상인들이 서로 난폭하게 떠밀고 있으며, 거칠고 고약한 냄새를 풍기는 불결한 농부와 나병 환자, 빈민들이 한데 어우러져 볼과 턱을, 배와 궁둥이를, 입과 입을 맞대고 서로 밀치고 있다. 구원받은 사람들의 육신은 예수가 부활할 때 영광을 누리지만, 저주받은 자들의 몸뚱아리는 기이한 형태로 변하고, 부풀고, 맥없이 흐늘흐늘하며, 병들어 역겨운 모습을 하고 있다.

마치 포도 압축기 속에 한데 쏟아 부은 포도알 같은 모습이었다(이 것은 그들이 가장 즐겨 사용한 이미지다). 그곳에는 땅을 파 만든 임시변소도 없었다. 지옥의 고약한 냄새는 인간이 풍기는 것이었는데, 몹시 역겨웠으며 끝도 없이 계속 풍겼다. 그 냄새는 오물, 배설물, 전염병, 고름이 흐르는 종기, 불쾌한 입냄새가 뒤섞인 것이었다. 예수회 수도사들은 부유한 고객들이 마음을 고쳐 먹도록 하기 위해 그런 악취를 창조적으로 고안한 것이다. 이런 시나리오가 이미 악취나는 작업장에서 중노동을 하며 말로 표현할 수 없이 가난하게 살아온 도시 하층민들에게도 두려움을 주었지는 알 수 없지만, 상류층과 중류층에 영향을 준 것만은 분명하다.

지옥에서 불을 뺀 모든 고문이 사라진 것을 보고 탐탁찮게 여기던 사람들도, 이 연금술적 시대에 어울리는 불의 속성을 깨닫고 안심하게 되었다. 가령 1682년 로몰로 마르켈리Romolo Marchelli에 따르면, 지옥불은 벌레나 뱀에게 산 채로 잡아먹히거나, 면도칼이나 화살에 베이거나, 가슴이 저며지고 뼈가 부서지고 관절이 어긋나고 사지가 절단되었을 때의 고통은 물론이고, 굶주림의 고통, 칼에 찔려 죽거나 목이 잘리거나 화장당했을 때 또는 야생 동물들에게 사지가 찢겨 죽을 때의 모든 격렬한 고통을 '증류하여 압축한' 불이다. 지옥불은 그 모든 조그만 불똥 속에도 그런 고통을 담아두고 있다는 것이다. 조이스James Joyce의 『젊은 예술가의 초상Portrait of the Artist as a Young Man』에서 주인공 스티븐 디덜러스Stephen Dedalus 의 마음을 그토록 심란하게 한 무시무시한 설교는, 300년 동안 완벽하게 보존되어 온 예수회의 지옥을 소름끼칠 정도로 상세하게 보여준다.

예수회원들은 지옥에서 악마도 다 추방했다. 서로에게 고통과 두려움을 일으키는 '서로 다른 사람들'이 있는 한, 악마도 필요하지

16세기 매너리즘 화가가 그린 판Pan. 님프에게 추파를 던지고 있다. 르네상스 시대에는 판과 악마the Devil의 이미지가 서로 비슷해진다.

않았다. 여하튼 악마는 이제 새로운 임무를 맡았는데, 그 임무란 이곳 지상에 있는 인간들——특히 가난하고 늙은 여자들——을 유혹해서 타락하게 만드는 것이었다. 마녀 사냥 시대에 예수회가 '마녀' 들에게 보여 준 태도는, 도미니코 회가 이단자들을 대했던 태도와 같았다. 마녀 사냥은 르네상스와 같은 시기에 시작해 19세기까지 간헐적으로 지속되었다. 특기해야 할 것은 마녀 사냥이 카톨릭 국가에서만 일어난 것은 아니라는 점이다. 마귀들의 중대장이라 할 수 있는 사탄이 마녀들의 수장으로 지목되었다. 하지만 그 구체적인 관계, 예를 들면 야간 비행, 악마적 난장판, 사악한 주문 등등, 수천 명의 사람들이 붙잡혀 고문받은 뒤 낱낱이 고백하는 역겨운 소행들은 저 세상의 것이 아니라 지극히 현실적인 것이었다. 종교 개혁 이후에는 프로테스탄트와 카톨릭 교도를 막론하고 지옥에 대한 진지한 토론에서 사탄은 결코 등장하지 않았다.

예수회원들은 악마가 이단자나 무신론자 또는 파우스투스와 같은 철학자들을 위해 늘 시간을 낸다고 하였다. 그래서 브루노[3]는 화형을 당했고, 갈릴레이는 거짓말을 해서야 가까스로 살아남을 수 있었으며, 존 디John Dee는 마법사라는 위험한 혐의를 받았다. 때는 17세기 중엽이었는데도, 데카르트Descartes는 신상의 위협을 느껴 프로테스탄트 국가인 홀란드로 이주해야 했고, 그 뒤에 볼테르 Voltaire와 루소Rousseau는 스위스에서 은신처를 찾아야 했다.

예수회원들은 필요하다면 악마를 불러올 수 있었다. 그리고 평신도들이 종교극을 상연하는 것이 금지되어 있던 탓에 예수회가 종교 연극을 떠맡게 되었다. 1597년 뮌헨에서 성 미가엘Michael 교회의 헌당식이 행해질 때, 그것을 축하하는 대규모 야외 무대가 마련되었고, 수백 명에 이르는 배우, 악단, 용, 죄인, 이단자 등이 등장했다. 그리고 종막에서는 악마로 분장한 연기자 300명이 사상 최대의 지옥의 입으로 뛰어드는 장면이 연출되었다.

　이와 비슷한 시기에, 예술에서 새로운 주제를 찾던 화가들은 사랑스런 어린아이 푸티putti(쿠피도)의 장미빛 육체를 그리고 싶어했으며, 예수회에서 말하는 지옥에 대해서는 매력을 느끼지 못했다. 그럼에도 불구하고 로마 최초의 예수회 교회인 제수Gesù 교회의 휘황찬란한 천장 그림은 대단한 기술과 독창성으로 예수회의 신성한 이념을 추하지 않게 전달하면서 뮌헨 축제의 정신도 반영하고 있다. 이 천장 벽화는 베르니니Bernini의 후계자인 일 바치초Il Baciccio (1639~1709)가 1670년에서 1683년에 걸쳐 최신 바로크 양식의 원근법과 모든 기법을 동원하여 그린 것이다(그림 24). 천국의 둥근 천장은 실제로 열려 있는 듯하고, 축복받은 이들이 그룹4)들과 천사들과 함께 황홀하게 위를 바라보면서, 신이 산다는 최고천Empyrean으로 올라가는 것 같다. 천장의 가장자리와 모퉁이 부분에서 천장화는 조각상으로 바뀌는데, 그 모습은 마치 저주받아 파멸한 자들이 거대한 무리를 이루어 몸부림치면서 아래로 굴러 지옥에 떨어지는 것 같다 ── 또는 보는 이의 위치에 따라서 교회 회중의 머리 위로 떨어지는 것으로 볼 수도 있다.

　바로크 시대는 항상 오페라와 연관을 맺고 있으며, 예수회도 유럽 카톨릭 국가들의 귀족 왕실과 밀접하게 연결되어 있었으므로 오페라나 발레에 깊이 관여하고 있었다. 1600년에서 1607년 사이에 만들어진 최초의 피렌체 오페라 세 작품은 오르페우스Orpheus와 에우뤼디케Eurydice의 이야기에 기초를 둔 것이다. 이 오페라들은 특수 효과를 갖춘 지하세계의 광상곡이나, 우화적인 발레를 통해 골치아픈 종교적 문제들을 피해가는 방법을 보여 주었다. 클라우디오 몬테베르디Claudio Monteverdi가 1607년에 작곡한 세 번째 피렌체 오페라 『오르페오Orfeo』는 오페라 사상 처음으로 큰 인기를 얻었다.

　공연 횟수를 놓고 볼 때, 이교도적 소재인 오르페우스 이야기와 겨룰 수 있는 것은 오직 프로테스탄트의 파우스투스와, 카톨릭의 난봉꾼『돈 후안Don Juan』뿐이었다. 대개의 극에서 돈 후안도 파우스투스처럼 (꼭 그렇진 않지만) 자기 죄 때문에 지옥으로 끌려간다. 18세기 후반에 모차르트가『돈 지오반니Don Giovanni』를 작곡하고, 괴테가 쓴『파우스트』단편의 초판에 파우스트가 그레트헨Gretchen을 유혹하는 이야기가 첨가된 뒤에야 파우스트와 돈 후안은 서로 비슷한 인물이 되었다. 비록 1829년 크리스티안 디트리히 그라베 Christian Dietrich Grabbe의 희곡에서 파우스트와 돈 후안이 사랑의 경쟁자로 함께 등장한 예도 있기는 하지만, 베를리오즈Berlioz나 보이토Boito, 구노Gounaud의 오페라에 영감을 준 것은 괴테가『파우스트』의 제1부에서 창조한, 파우스트와 돈 후안이 한데 합쳐진 인물이었다고 할 수 있다.*5)

21

밀턴의 실락원
Paradise Lost

존 밀턴John Milton(1608~1674)은 한 세대 먼저 케임브리지에 다닌 크리스토퍼 말로우와는 아주 다른 인물이었다. 프로테스탄트로 전향한 밀턴의 아버지는 공증인 일을 하며 때로는 대금업을 하기도 한 사람이었다. 존 밀턴은 그의 둘째 아들이었다. 케임브리지에 다닐 때 밀턴에게는 귀부인Lady이라는 별명이 붙었는데, 이 별명은 그의 수려한 용모 때문이라기보다는 고상하고 얌전한 행동 때문에 붙은 것이었다. 그의 가족은 밀턴에게 성직자가 되기 위한 공부를 시키려고 했지만 밀턴은 그렇게 하고 싶지 않았다. (문학사와 문학석사 학위를 위해) 대학에 다닌 7년 동안 밀턴은 「쾌활한 사람L'Allegro」「사색하는 사람Il Penseroso」「그리스도 탄생의 아침에On the Morning of Christ's Nativity」 등의 시를 썼다. 이 세 편의 시를 통해 그는 지방에서 명성을 얻었고, 문학가의 삶을 살겠다는 확신을 하게 되었다.

관대한 아버지는 그가 이탈리아로 —— 그곳에서 그는 갈릴레이를 만났다 —— 여행을 떠날 수 있도록 허락했으며, 그는 거기서 학업을 계속하면서 20년 동안 종교의 자유를 옹호하는 글들을 썼다. 당시 스튜어트 왕조의 국왕들이 영국에 종교 분쟁의 싹을 틔워 내전을 유발했기 때문이다. 또 밀턴은 번역가, 편집자로서 활동했고, 때로는 올리버 크롬웰Oliver Cromwell 정권에서 정치를 하기도 했다. 그는 세 번 결혼했고, 첫 부인에게서 세 딸을 두었다. 그는 점점 눈이 나빠지다가 1652년에 가서는 시력을 완전히 잃게 되었다. 그가 언제나 집필하겠다던 위대한 서사시의 첫 구절을 쓰기도 전이었다. 찰스 2세가 왕권을 되찾았을 때, 그가 교수형을 당하지 않고 살아남을 수 있었던 것도 눈이 멀었기 때문이었다. 당시 앤드류 마벨 Andrew Marvell이 그를 변호했다고 한다.

밀턴은 때때로 청교도 시인이라고 불리기도 했지만, 적어도 그의 가장 위대한 작품인 『실락원Paradise Lost』에서는 전혀 청교도답지 않았다. 칼뱅주의가 영국 교회에 침투하던 시기에 태어난 밀턴은 영국 국교도로 성장했고, 『실락원』의 전반적인 관심사는 예정설을 논박하고 자유의지를 증명해 보이는 것이었다. 사탄은 천국에서 반란을 일으키고 더 사악한 짓을 선택했는데, 우리들은 사탄의 그러한 뒤틀린 생각을 모두 공유하고 있다. 어리석게 유혹당한 이브는 자신의 선택에 대해 용서받을 수 있을지도 모른다. 그러나 『실락원』의 관점에서 보건대, 아담은 이브에 대한 사랑이 하느님에 대한 사랑을 압도하게 되면, (비록 그 세세한 결과까지는 모른다 해도) 무엇이 문제가 되는지 잘 알고 있었음에 틀림없다. 사실상 밀턴은 『실락원』(1667년 출판)을 집필하기 시작했던 때에 이르러 꽤 독자적인 종교적 관점을 지니게 되었던 것 같다. 이런 관점은 당시의 다른 지식인들과 보조를 맞춘 것이었지만, 대부분의 다른 지식인들은 자신의 의견을 분명하게 밝힐 정도로 용감하지는 않았다. 그러나 밀턴은 시에 자신의 견해를 짐짓 어지럽게 늘어놓았고, 그 결과 후세에 그를 추종한 사람들은 종교적으로(또는 비종교적으로) 서로 대립하는 각각의 진영에 서서, 『실락원』을 아전인수격으로 끌어들이기도 했다.

『실락원』이 재료로 삼은 자료들은 방대하다. 스페인의 위대한 르네상스 극작가인 세르반테스Miguel de Cervantes(1547~1616), 베가Lope de Vega(1562~1635), 바르카Calderón de la Barca(1600~1681)는 모두 악마의 운명을 주제로 삼았다. 폰델Joost van den Vondel(1587~1679)의 『루시퍼』가 이름을 날릴 무렵, 홀란드의 그로티우스Hugo Grotius는 라틴 어로 『아담의 추방Adamus Exul』을 썼고, 밀턴도 이 작품을 읽었다. 프랑스의 바르타스Guillaume du Bartas(1544~1590)는 천지창조와 타락을 주제로 위그노Huguenot 교 스타일의 시 한 수를 썼다. 이 시는 1605년 실베스터Josuah Silvester에 의해 「성주간과 천지창조The Divine Weeks and Works」라는 제목으로 번역되어 영국에서도 널리 읽혀지고 있었고, 밀턴도 이 시를 알고 있었던 것이 분명하다. 『실락원』 제3편 천사들의 찬송에 나오는 '불변의, 불멸의, 무한의'라는 구절은 여기에서 빌려온 것이다.

밀턴이 묘사한 사탄은 장엄하면서도 거대했다. 밀턴의 사탄을 놓고 수세기 동안 종종 엄청나게 열띤 토론이 벌어졌지만, 여기서는 우주론cosmography에 초점을 맞추기 위해 그 토론에 대한 언급은 피하겠다. 하늘에서는 바야흐로 긴박한 전쟁이 벌어지며, 하느님은 아들을 보내 미가엘과 그의 천사 군대를 지원한다. 그렇게 되자 사탄과 그 군대는 곤경에 처한다.

(신께서 사탄과 그의 군대에)
불을 붙여 무서운 타락과 파멸을 가하시고,

청화천淸火天에서 바다 없는 지옥으로
거꾸로 내던지셨다. 거기, 금강金剛의 쇠사슬과
형벌의 불 속에 살도록 하셨다.

9일 동안 그들은 혼돈Chaos 속으로 떨어졌다.

드디어 지옥은 입을 벌리고
그들을 모두 삼킨 뒤 그들 위로 닫힌다,
지옥은 그들에게 합당한 곳,
꺼지지 않는 불이 가득한, 슬픔과 고통의 집.

그들은 불타는 연못에 물을 튀기면서 내려앉았고, 주위를 둘러보
고 자신들이 밝은 천사의 모습에서 많이 변했음을 알게 된다. 그들
주위는 다음과 같다.

주위 사방에는 암굴,
그것은 마치 불길이 이는 화덕, 그러나 이 화염에는
빛이 없고, 겨우 보일 정도의 짙은 어둠에
드러나 보이는 것은 다만 비참한 광경뿐,
슬픔의 장소, 우수의 그림자,
평화와 안식은 없고,
사람이면 모두가 가지는 희망마저 없고,
다만 끝없는 가책과
꺼지지 않고 한없이 타오르는
유황의 불바다만이 끝없이 펼쳐진 곳,
그 반역도를 위해 영원한 정의는

이곳을 마련하였다. 여기 하늘 밖 어둠 속에
그들의 감옥을 정해 그들의 차지로 하였다.
하느님과 하늘의 빛에서 떨어진 그 먼 거리가
중심에서 우주 극점까지 세 배나 되는 곳에.

감옥은 정해졌으나 그곳에 거주할 사람까지 정해진 것은 아니라는 사실에 주목해야 한다. 지옥은 준비가 되어 있지만, 사탄과 그 군대가 그곳을 점령하도록 처음부터 운명지어진 것은 아니다. 어떻게 그들이 견고한 쇠사슬에서 빠져나올 수 있었는지는 설명할 수 없으나(밀턴의 선배들 역시 아무도 그것을 설명하지 못했다), 어찌 어찌해서 그들은 지상으로 빠져나갔다.

저기 메마르고 쓸쓸하고 거친 평야,
빛도 존재하지 않는 황량한 곳,
그저 이 검푸른 불꽃들만이 깜박이면서
창백하고 무시무시한 빛을 던질 뿐.

그럼에도 불구하고, 사탄은 그 상황을 최대한 이용하기로 결심하고, 메포스토필리스Mephostophilis의 탄식을 기묘하게 반전하면서 이렇게 도전을 선포한다.

잘 있거라,
영원한 기쁨 깃들이는 복된 들판이여, 오라, 공포여 오라,
악마의 나라, 그리고 너 무한히 깊은 지옥이여,
네 새 주인을 맞으라, 장소나
때에 따라 변하지 않는 마음의 소유자를.

마음의 집은 마음이니, 그 자체로

지옥을 천국으로, 천국을 지옥으로 만들 수 있다.

내가 언제나 다름없는데, 내가 어디 있든

무엇이든 무엇이 문제랴, 다만

벼락 때문에 위대한 그보다 조금 못할 뿐.

드디어 이곳에서는 자유로우리라, 그 전능자가 시기하려고

이곳을 지은 것은 아닐테니, 여기서 우릴 내어쫓지는 않겠지.

여기서 우리는 편안히 다스릴 수 있어, 나로선

다스리는 것이 소망이다, 비록 지옥에서나마.

천국에서 섬기느니, 지옥에서 다스리는 편이 낫지!

악마들은 청교도적 열정에 휩싸여 화산 쪽에다 찬란한 궁전을 짓는 작업을 시작했다. 아마 독자들이 마음속으로 그려 보려면, 죄 많은 바빌로니아는 말할 것도 없고, 바로크 양식의 로마와 비잔틴 양식의 콘스탄티노플에서 볼 수 있는 최악의 무절제한 모습을 연상하면 될 것이다. 설계자는 물키베르[1]다. 그는 올림포스의 이교도 대장장이인 헤파이스토스 또는 로마의 불카누스에 해당한다. 건축가는 맘몬Mammon이라는 우리의 돈 많은 옛친구다. 맘몬은 "하늘에서 떨어진 가장 저속한 영이다. 그는 하늘에 있으면서도 눈길과 생각은 항상 아래로 향했고, 천국의 거룩함과 성스러움보다 황금으로 뒤덮인 천국 거리의 부富를 더 찬탄하였다." 그들이 함께 노력한 결과 놀랄 만한 어떤 일이 벌어졌다. 악마전惡魔殿Pandemonium은 지옥의 역사상 가장 호화롭고 광대한 건축물로서, 스펜서Spenser의 어떤 구조물도 이보다 더 장엄하지 못했고, 단테의 「디스 시City of Dis」도 이 같은 위엄을 갖추지 못했으며, 헤시오도스의 스틱스의 대저택도 이보다 휘황찬란하지 않았다. 사탄은 호화로운 회합 장소

에서 회의를 소집한다. 지옥 회의는 전통적인 문학작품과 연극에서 종종 볼 수 있었지만, 밀턴의 접근법은 전혀 다른 것이었다. 거기서 사탄은, 셰익스피어가 묘사한, 금박을 입힌 유람선에 올라탄 클레오파트라의 호화로움과 대적할 만한 휘황찬란함 속에 앉아 있다.

> 오르무스[2]와 인도의 부보다 찬란한,
>
> 이방의 진주와 황금을 아낌없이
>
> 왕들에게 뿌려주는 화려한 동방의 부보다
>
> 호사스런 옥좌에 사탄은 높이,
>
> 의기양양하게 앉아 있다. 제 실력으로,
>
> 이렇게 출중한 악으로 떠받들어지면서.

　수천에 이르는 악마들이 "봄날의 벌떼처럼" 회의장에 몰려들었다. 원로 악마들이 각각 연설을 했다. 분노의 화신인 몰록Moloch은 전쟁을 주장했고, 태만의 상징인 벨리알은 분별력은 있었지만 비겁하게도 전쟁 행위라면 무엇이든 반대했다. 탐욕의 화신인 맘몬은 지옥의 '보석과 금'을 위해서라면 지옥불의 불편함쯤은 견딜 수 있었다. 서열 2위인 바알세불은 질투의 상징이다. 그는 "또 다른 세계, 즉 인간이라는 새로운 종족의 복된 보금자리"에 대해 이야기하면서, 인간을 파괴하라고, "우리가 쫓겨난 것처럼 그 하찮은 생물들을 몰아내거나 그렇지 않으면 그들을 우리 편으로 꾀어내라."고 제안한다. 회의에 모인 이들이 바알세불의 계획에 기뻐했고, 표결에 붙여 그 제안을 채택했다. 그러나 누가 방랑의 길을 떠나 "그 어둡고 바닥 없는 무한의 심연"을 거쳐 인간 세계를 방문할 것인가? 자부심과 긍지를 가진 사탄 이외에 그 누구가 있겠는가.
　지옥 회합은 해산하고, 악령들은 흩어져 몇몇은 영웅적인 시합에

합류하고, 나머지는 하프를 연주하거나 철학적 사색에 잠겼다. 가장
중요한 것은 그들의 새 세상을 탐험하는 일이었다.

또 다른 패는 저 험악한 세상을 널리 탐험하고자
대담한 모험에 나서, 혹 그들에게
더 편안한 안식처를 주는 나라가 있는가 하고,
지옥의 네 강둑을 따라 사방으로
날아서 행진한다. 그 강들은 독기 있는 물줄기를
불타는 바다에 토해내는데,
죽음 같은 미움의 흐름인 증오의 스틱스,
검고 깊고 뼈저린 비애의 아케론,
회한의 물 흐를 때 소리 없이 들리는
통곡이라는 이름에서 생긴 코퀴토스, 폭포 같은
불의 물결이 격분하여 불타는 불의 플레게톤,
이 강들에서 멀리 떨어져 천천히 고요히
흐르는 망각의 강 레테, 이것이 굽이쳐
물의 미로를 이루니, 그 물 마시는 자는
당장에 이전의 상태와 존재를 잊고
즐거움과 슬픔, 기쁨과 아픔을 모두 잊는다.
이 강 저쪽으로 얼어붙은 대륙이
캄캄하고 황막하게 놓여, 소용돌이와 무서운 우박과
끊임없는 폭풍을 받는다. 굳은 땅에
우박은 녹지 않고, 산처럼 쌓여 고대 건축의
폐허와 흡사하다. 그 밖에는 모두 깊은 눈과 얼음이다.

땅과 동물들은 그리 호의적이지 않다.

이같이 이러저리

쓸쓸한 혼란의 행군을 계속하며, 모험의 무리들은

공포에 싸여 창백하게 떨며, 눈은 겁에 질리고,

비로소 가련한 운명을 보고, 안식처가

없음을 안다. 어둡고 황량한 여러 골짜기들,

우울한 여러 지방, 불과 얼음으로 뒤덮인

앨프[3] 같은 여러 산들.

바위, 동굴, 호수, 늪, 습지, 골짜기에 또

죽음의 그늘을 넘어서 그들은 간다.

천지는 죽음으로 가득, 그것은 하느님이 저주하여

만드신 악이다, 오직 악만을 위해 만든 선,

거기서 모든 생은 죽고, 죽음이 살며, 자연은

심술을 피우고, 온갖 보기 흉하고 기괴한 것,

징그럽고 형언할 수 없는, 예부터 전하는

이야기에 나오는 것보다 무서운,

공포의 산물인 고르곤, 휘드라,

키마이라[4]보다 더한 것만 낳는다.

그러는 사이에 사탄은 "날쌘 날개를 펴고", "세 층 세 겹으로 된" 지옥의 문을 향해 날아오르는데, 이 문은 세 겹은 황동, 세 겹은 쇠, 또 세 겹은 금강 바위로 되어 있는데, 무시무시한 두 형상이 그곳을 지키고 있었다. 이 형상들은 의인화한 '죄Sin'와 '죽음Death'이었다. '죄'는 아래와 같은 모습을 하고 있다.

허리까지는 여자같이 아름다운데,

아랫도리는 흉칙스럽고, 수많은 비늘이 겹겹이

Milton's Cosmos
Heaven
Universe
Pavilion
of Chaos
Hell
CHAOS
CHAOS

밀턴의 우주도

둘둘 말려 있고, 커다란 죽음의 독침으로 무장한
큰 뱀이다. 허리 근처에서는
지옥의 개떼들이, 케르베로스의 큰 입으로
쉴 새 없이 무시무시한 큰 소리로 짖어댄다.
그러나 그 소리를 방해하는 것이 있으면
마음 내키는 대로 그녀의 자궁 속으로 기어들어가
거기에 자리잡고, 안에 숨어 여전히
짖고 고함을 친다.

밀턴적인 여러 가지 주제 중에서 "사탄, 죄, 죽음"을 가장 좋아한 삽화가들이 '죄'의 형상을 표현하는 데 애를 먹을 수밖에 없었음은 이해할 만하다. 한편, 화가들이 '죽음'의 형상을 그릴 때는, 형체 없는 그림자가 왕관을 쓰고 창을 흔드는 밀턴식 표현에는 주의를 기울이지 않았고, 그저 전통적인 15세기식 해골이나 생기 없는 시체로 묘사해 버렸다(그림 43).

아테네가 제우스의 머리에서 태어난 것처럼, 사탄의 딸인 '죄'는, 다 자란 모습으로 사탄의 이마에서 뛰쳐나온다. '죽음'은 제우스와 그 딸과의 근친상간을 통해 태어난 아들인데, 그 사실이 밝혀지자 '죄'는 지옥문을 열고, 그리고 그들은 모두 잠시 동안 '혼돈'을 응시한다.

이 시점에서 독자는 밀턴의 지옥이 도대체 어디에 있는지 의아해 하기 시작할 수도 있다. 그의 지옥은 분명히 전통적 장소인 지구 중심에 있지는 않다. 밀턴이 묘사하는 반역천사들이 추락할 때 이 세상은 아직 창조도 되지 않았다. 지옥은 폐소閉所 공포증을 일으키는 예수회의 감옥과 같은 것이 아니라, 광막한 세계이며, 반역자들, '죄'와 '죽음', 그리고 몇몇 거대한 괴물들을 제외하고는 아직 아무도 살고 있지 않은 곳이다. 아마도 밀턴의 지옥은 다른 행성의 표면, 아니 행성 내부에 위치한 것 같다. '죄'가 지옥의 문을 열었을 때, 그것은 마치 사탄이 우주 공간 안으로 막 걸어나오는 것 같은 광경으로 나타난다. 물론 이 우주 공간은 '혼돈Chaos'을 의미한다. 그리고 일반적 우주 개념에 따라 '혼돈'은 그 우주 바깥쪽에 있다.

'혼돈' 속에서 원소들은 시끄럽게 서로 싸우고, 그러는 동안 사탄은 이리저리 시달리다가 '혼돈'과 그의 동반자인 '밤Night'의 천막에 도착한다. 이 부분에서 우리는 지옥이 사탄이 있는 곳보다 '아래쪽'에 있다는 것과, 새로운 '세계World'가 '연대Legion가 타락하기 전에 본래 있던 쪽과 황금사슬로 연결되어' 혼돈 '위'에 걸쳐져 있는 것을 본다. 사실 이렇게 걸쳐 있는 물체는 지구 하나만이 아니라, 지구 주위를 도는 천체가 있는, 오래 전 프톨레마이오스가 주장한 그 우주다. 밀턴은 갈릴레이를 알고 있었지만, 예전의 우주관이 시적으로 매우 유용한 것이기 때문에 포기할 수 없었던 것이다.

사탄은 '죄'와 '죽음'이 자기 뒤에서 지구와 지옥을 잇는 거대한 다리를 만드는 것을 보았다. 그 다음에는 단백석蛋白石의 탑과 천국의 청옥색 흉벽이 보였고, 그리고 천국에서 드리운 황금 사슬에 걸려 있는 지구가 보였다. 지구는 천국과 비교해 보면 달 옆에 떠 있는 작은 별처럼, 하늘에 비해 아주 작게 보이는 것이었다.

사탄은 "어리석은 자의 낙원Paradise of Fools"이라는 이름으로 불리는 림보처럼—— 이곳은 낡은 사상을 고수하는 로마 카톨릭을 위해 마련한 곳이다—— 보이는 이 '세계(우주)'의 제일 가장자리 지역에 착륙한다. 사탄은 천국으로 올라가는 계단을 발견했지만, 발길을 돌려 항성 지역을 통과한다. 토성, 목성, 화성을 지나 천사들 중 지위가 가장 높은 우리엘Uriel이 다스리는 태양에 이른다. 사탄은 매력적인 그룹cherub(지품천사)으로 변장하고 그에게로 가서 지구가

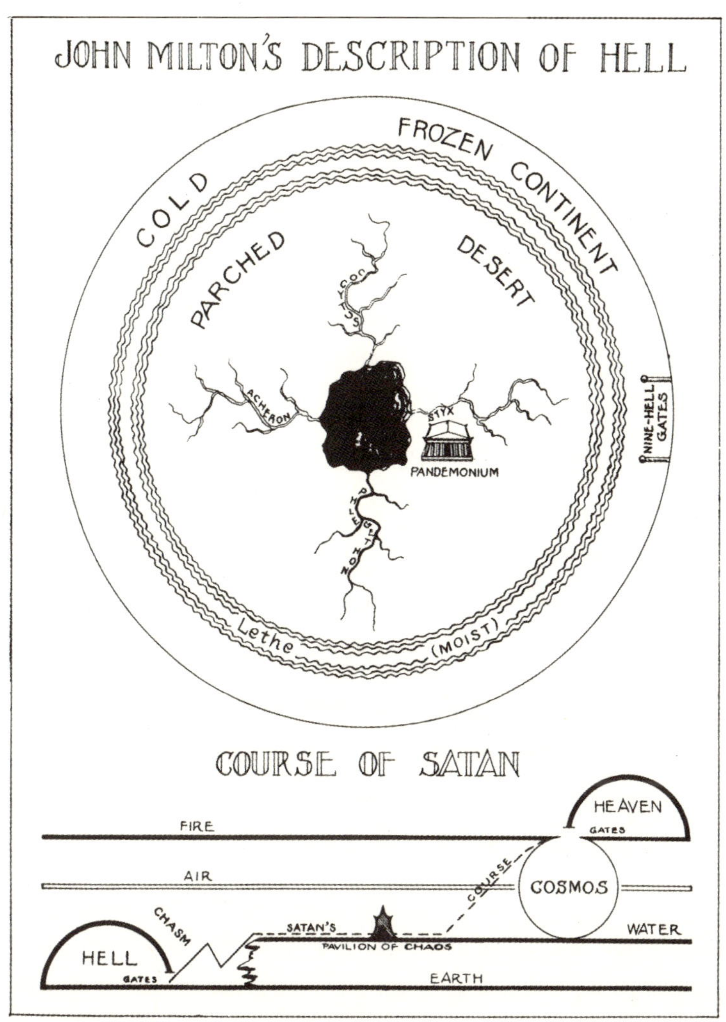

1928년 유진 콕스Eugine Cox가 그린 지도

어디에 있는지 물어본다. 우리엘은 그에게 아담이 살고 있는 낙원 쪽을 가리킨다. 그러자 사탄은 나는 듯이 달려가 니파테Niphates 산을 향해 그의 위대한 독백을 읊조린다. 다음은 그 일부다.

> 비참하구나, 내 자신이여. 어느 쪽으로 날아야 하나?
> 무한한 분노와 무한한 실망에서 탈출할 수 있을까?
> 어느 쪽으로 날든 지옥이다, 내 자신이 지옥이다.
> 가장 깊은 심연에서 더 깊은 심연이
> 당장 나를 삼킬 듯 입을 크게 벌리니,
> 그에 비하면 내가 고생하는 지옥은 천국이다.
> 아, 그렇다면 결국은 항복뿐인가?
> 회개의 여지는 없는가, 사면의 여지는?
> 복종밖에 다른 길은 없다. 그런데 그 말은
> 모욕스러워서, 그리고 하계 영혼들 사이의
> 수치가 두려워서 못하겠다, 그들에게 나는
> 굴복이 아닌 다른 약속을 하고,
> 큰 소리치며 그들을 유혹했었다,
> 전능자를 정복할 수 있다고 뽐내면서.

이 단편은 적어도 세 가지 이유에서 흥미롭다. 첫째는 하느님의 은총을 잃어버린 것이 바로 천벌이라고 보는 말로우적 경향이 보인다는 것이고, 둘째는 자유의지에 대한 이 시의 주장을 강조하고 있다는 것이며, 셋째는 17세기부터 진지하게 논의하기 시작한 오리게네스의 만인 구원론universal salvation에 대한 암시가 있다는 것이다. 심지어 사탄도 회개할 수 있는 것이다. 하지만 현재 상태에서 회개한다면, 자신의 자존심은 물론 부하들까지 배반하는 셈일 것이다.

사탄의 여행 이야기는 읽기에 혼란스럽다. 밀턴은 프톨레마이오스적 우주관에서 천국과 지옥을 완전히 제거해 버렸다. 그리고 최고천Empyrean 대신에, '혼돈Chaos'이 원동천原動天5)을 둥글게 에워싼다. 천국과 지옥은 두 개의 분리된 천체 내지는 우주에서 각각 반대편에 존재한다. 아니면, 천국은 높은 천장이나 승강장의 일종일수도 있다. 밀턴의 우주를 논리적인 지도로 그리는 것은 불가능하다. 그렇다고 이것이 그 지도를 만드려는 시도를 멈추게 하지는 못했다. 밀턴 자신도 『기독교 교리Christian Doctrine』에서 "지옥은 이 우주의 끝 너머에 위치하고 있는 것 같다."고 말한 바 있으며, '혼돈'을 정당화하기 위해 「누가복음」 21장 8절을 인용하기도 했다.6) 아마도 그가 요즘 시대에 살았다면, '평행우주설parallel universe'을 전개하기 위해 입자 물리학자나 공상 과학자들이 쓰는 용어들을 기꺼이 수용했을 것이다. 어느 재담꾼은 밀턴이 '혼돈'에 대해 쓸 때는 이상하게도 글이 혼돈스러워진다며 정곡을 찌르는 불평을 늘어놓기도 했고, T. S. 엘리엇은 "밀턴의 천상과 지옥은 넓기는 하지만 비품을 완비하지 못한, 그저 무거운 대화로만 가득차 있는 아파트"라고 평했다.

그러나 밀턴의 작품을 그림으로 설명하고자 했던 여러 사람들 중에는 지옥에 대한 감각이 뛰어났던 사람도 있었다. 그는 바로 존 마틴John Martin(1789~1834)이다. 자신이 살던 당시에 마틴은 상당한 존경을 받았지만, 그 명성은 오래 가지 않았다. 왜냐하면 현대적인 시각으로 볼 때, 그의 그림은 너무 현란하고 지나치게 손이 많이 간 것처럼 보이기 때문이며, 그가 신뢰할 만한 인간의 모습을 그려내지 못했기 때문이기도 하다. 그는 「계시록」과 서사시 그림의 대가였지만, 거대한 규모의 건축술과 공학(특히 하수도 공학)에 대해서도 흥미가 있었다. 마틴은 광산촌에서 자랐는데, 형제들 중 한 명이

유명한 미치광이 방화범이었다. 아마 이런 관심과 성장배경의 조화
는, 『실락원』을 위해 조각을 하고 동판을 새기고 그림을 그린 일련
의 과정에 대해 설명해 주는 바가 있을 것이다. 그는 작품에서 희미
한 불꽃이 음울하게 비추면서 모든 것을 가두는 광대한 지하세계의
암흑에 대한 느낌을 잘 표현했다. 그는 밀턴의 지옥을 이해하는 유
일한 삽화가다. 밀턴의 지옥에서 묘사하는 모든 지형상의 특징을
고려해 보건대, 그의 지옥은 정확히 하수구와 같은 것은 아니라고
해도 동굴 모양의, 사실상 지하세계 내부다. 그리고 그는 '혼돈'을
지나는 다리를 아주 훌륭히 그려냈다. 악마전惡魔殿[7])에 대단한 홍
미를 느낀 그는 여러 차례 그곳을 되짚어 보았다. 그리피스D. W.
Griffith의 영화 「인톨러런스Intolerance」에 나오는 웅장한 바빌로니
아 무대장치가 실제로는 마틴이 그린 악마전 모습을 직접적으로 빌
려온 것임을 알게 된다면, 평범한 영화 수집가라도 신기해 하지 않

존 마틴이 『실락원』에 그린 삽화들.

을 수 없을 것이다

그러나 마틴이 이런 광경들을 장엄하게 묘사한 최초의 예술가는
아니었다. 우리에게는 "악마전 근처 불타는 호수의 둑에서 부하들
을 정렬하는 사탄. 밀턴에서."라고 하는 근사한, 극장용 파노라마의
해설이 남아 있기 때문이다. 이것은 영화의 전신에 해당하는 환등
기 영상의 해설문이었다. 그 환등기는 1782년 루테르부르Philippe
Jacques de Loutherboug가 제작했고, 당시에는 아이도푸시콘Eido-
phusikon이라고 불렸다.

이 앞쪽의 경치를 보면, 산 아래에서 높은 정상에 이르기까지
갖가지 색깔의 불꽃으로 타오르는 산들 사이로 헤아릴 수 없이 길
게 뻗어 있는 혼돈의 무리가 장엄한 어둠 속에서 일어난 뒤, 점점
형체를 이루어 가다가 마침내 우뚝 섰다. 그 형체는 호화스런 건축
물에 딸린 거대한 사원의 내부 같았으며, 용해된 놋쇠처럼 밝게 빛
났고, 겉으로 보기에는 꺼버릴 수 없을 것 같은 화염으로 가득 차
있었다. 이 어마어마한 광경에서 램프 앞에 놓인 색유리의 효과는
완벽하게 나타났다. 관중에게는 색유리가 감춰져 있었기 때문에
색유리가 재빨리 바뀔 때마다 원하던 효과를 그대로 낼 수 있었다.
처음에는 유황색을 띤 파란색에서 짙은 빨강으로, 다음에는 다시
창백하면서도 선명한 빛으로, 그리고 마지막으로는 마치 밝은 용
광로에서 갖가지 금속들이 용해될 때 발산되는 것과 같은 신비스
런 혼합색으로 바뀌었다. 그 놀랄 만한 광경과 함께 들리는 소리들
은 가뜩이나 심하게 놀란 관객의 귀에 타격을 가했다. 속이 빈 기
계장치 속에 공과 돌멩이들을 넣고 마구 흔들어서 천둥 소리나 말
로 형용하기 어려운 굉음을 냈다. 게다가 솜씨 좋은 조수가 탬버린
의 표면 위를 손가락으로 싹싹 쓸어서 신음 소리 같은 음향 효과

를 냈는데, 그것은 지옥의 정령들이 내는 소리처럼 느껴졌다.

유감스럽게도 아이도푸시콘은 19세기 초에 화재로 소실되고 말았다.

『복락원Paradise Regained』에서 밀턴은 그리스도가 지옥으로 내려간 이야기 대신, 그리스도가 유혹받는 내용을 통해 사탄 이야기를 끌어들였다. 17세기 말엽 그리스도가 지옥으로 내려가 영혼을 구한다는 이야기는 인기를 잃고 있었다. 분리되어 나간 프로테스탄트 종파들은 항상 자신들의 교리에 "그분께서 지옥으로 내려가셨다."는 내용을 포함하기는 했지만, 이는 신념이라기보다 그저 전통을 따른 것에 불과했다. 20세기 들어, 나중에 분리한 종파들 중 특히 감리교는 슬며시 그 문구를 빼버렸다. 아마도 지옥과 림보의 차이를 더 이상 일반적으로 이해할 수 없었기 때문이었던 것 같다. 그리고 지옥정벌 이야기는 사탄을 두드러지게 그렸고, 그리하여 밀턴 이후에는 사탄과 다른 악마들이 지옥과 맺는 연관성은 점점 더 약화되었다.

22

기계론적 우주
The Mechanical Universe

카톨릭의 지옥Hell과 영벌eternal punishment이란 관념은 1564년 트렌토 공의회가 공포한 『교리 문답서Catechism』에서 단호하게 확인되었다. 그리고 브루노Bruno와 갈릴레이가 이단재판으로 고통받는 것을 지켜본 카톨릭 교도들은, 교회 신조dogma에 도전하는 것을 삼가하게 되었다. 그러나 세속 세계의 지식이 발전하는 것을 막는 것은 쉽지 않았다. 코페르니쿠스 혁명 초기의 들뜬 분위기 속에서 유럽 전역의 프로테스탄트와 카톨릭 양 진영은, 과학과 역학 분야에서 새로운 것들을 차례로 발견해 냈다.[1] 그리고 17세기에 이르러 프로테스탄트 국가들은 더욱 두드러지는 과학적 성과를 올렸다. 당시 뉴턴과 함께 가장 영향력 있는 사상가였던 르네 데카르트(1596~1650)는 예수회 학교에서 수도사들과 함께 공부한 사람이지만, 갈릴레이의 천문학적 발견들을 연구하고 갈릴레이가 옳다는 확신을 얻게 되자, 프랑스를 떠나 네덜란드로 옮겨가는 것이 현명한 일이라고 판단하게 되었다. 18세기가 되면 프랑스의 계몽 사상가들은 모두 이런 저런 이유로 네덜란드, 영국, 스위스로 피신했다.

그 시기에는 광학과 시계 제조술의 급속한 발전과 더불어—— 17세기 중엽에는 진자 시계와 휴대 시계용 태엽이 등장했다—— 사람들이 수학과 천문학에 매료되면서, '기계적인mechanical' '시계 장치식의clockwork' 또는 '시계공의watchmaker's' 우주관이 널리 퍼지게 되었다. 이러한 우주관에 따르면, 모든 자연 현상은 신이 정한 자연법칙을 따르는 물질 운동의 결과였다. '초자연적인' 역사·법칙·종교가 지배하던 그 이전의 여러 세기를 돌이켜보면 격세지감이 들 정도였다. 칼뱅의 예정설Calvinist predestination도 초기에는 사람들로 하여금 자연 법칙이 무척 엄혹하다는 생각을 갖게 만들었다.

기계적 우주관mechanical universe이 처음 등장한 것은 14세기 무렵이지만, 그 중요성을 부각시킨 것은 갈릴레이(1564~1642)의 발견들이었다. 그것을 다시 철학적으로 가다듬은 사람은 토마스 홉스Thomas Hobbes(1588~1679)였다. 그는 인간의 생명에 대해 "추잡하고 야만적이며 단명하는" 것이라는 영지주의적 정의를 내렸던 것으로 유명하다. 그런데 홉스 그 자신은 장수한 편이었고 또한 이지적이었다. 그는 자기 책 때문에 다른 이들의 적대감을 샀지만—— 홉스는 무신론자라는 이유로 자주 비난받았다—— 비교적 안락한 생활을 영위했다. 말년에 이르러 홉스는 찰스 2세의 비호를 받았다. 찰스 2세는 어릴 때 홉스에게 수학을 배운 적도 있어서 항상 그를 아껴 주었다.

홉스는 처음에 기하학에 빠져들었고, 그 다음에 역학과 물리학에 관심을 가졌다. 이탈리아에서는 갈릴레이를 찾아가 천문학과 우주의 본질에 대해 토론했다. 오늘날의 관점에서 보면 홉스는 결코 무신론자가 아니다. 과학을 타락, 변질시켜 종교적 성전聖典으로 만드는 일에는 관심이 없었고, 단지 수학적 방법론이 갖는 논리적 순수성에 매료된 독창적 사상가였을 뿐이다. 그는 유물론자였으며, 과학 정신을 가진 왕립협회 회원들처럼 최초의 '영국 이신론자English deist'[2]라고 불린다. 하지만 정작 왕립협회는 그를 회원으로 받아들이지 않았다. 그의 냉소적인 기질이나 미신에 대한 경멸은 (『리바이어던Leviathan』의 제4부 「어둠의 왕국에 대하여Of the Kingdom of Darkness」를 볼 것) 18세기 분위기에 정확히 들어맞는 것이었다. 하지만 또한 시대를 너무 앞서가는 위험한 것이기도 했다. 그는 지옥 Hell이라는 주제에 대해서 급진적 해석을 했다. '바닥 없는' 지옥의 구덩이가 '유한한' 지구 속에 들어 있다는 것은 모순이고, 「이사야」 14장 9절[3]을 보면 지옥은 해저 심연일 것이라고 추측되며, 「마태복음」에 나오는 지옥불은 단지 죽음의 고통에 대한 비유로 받아들일 수 있다고 그는 주장했다.

홉스는 결국 구원받은 자들the saved만이 부활하고, 지옥에 떨어진 자들the damned은 영원히 죽게 된다는 영혼 절멸설annihilation theory을 주창했다. 이것은 아우구스티누스가 말한 천벌Augustinian damnation에 대립하는 두 가지 근대 기독교 이론 중 하나다. 다른 하나는 오리게네스의 노선과 어느 정도 일치하는 만인 구원론universal salvation이다.

데카르트는 이성에 대해 논의하면서, '정신과 육체'라는 전통적인 이원론을 신중하게 재검토하여 좀더 다루기 쉬운 이원론, 즉 이성지理性知mind와 감각지感覺知senses의 대립으로 바꾸어 놓는다. 그는 기독교도였지만, 물질 세계는 영적 세계와 완전히 분리되어 있고, 천지창조 이후로 하느님은 더 이상 이 세계에 간섭하지 않는다고 주장했다. 그는 홉스와 갈릴레이의 뒤를 이어, 이 세계는 하느님이 세운 법칙에 따라 움직이는 기계 장치라는 이론을 내놓았다. 만일 세상이 불완전하다면, 그 이유는 하느님만이 완전하기 때문이었다. 이렇게 해서 그는 세상의 고통이 원죄에서 비롯되었다는 전통적 사고에서 교묘하게 벗어났다. 유물론에 대한 데카르트의 견해는, 성서의 기적들을 포함한 초자연적 현상들의 가능성을 부인했다는 점에서 홉스를 넘어섰고, 이것은 격렬한 논쟁을 촉발했다. 그는 거기서 일보 양보하여 하느님의 계시는 실증할 수도 없고 부정할 수도 없는 것이라는, 미묘한 (그리고 편의적인) 이론을 내세웠다. 그러나 그는 회의주의skepticism에 물꼬를 텄다.

회의주의자들 중에서 가장 급진적인 사람은 홀란드의 스피노자 Baruch Spinoza(1632~1677)였다. 유대 인이어서 그랬는지도 모르지만, 그는 신약성서에 나오는 기적은 물론 예정론과 자유의지free will를 둘러싼 논쟁에서 한 발짝 물러나 있었다. 그러나 그는 불멸의 영혼이나 천사의 존재에 대한 성서의 증거들을 부정하는 바람에 25세도 되기 전에 유대 교회에서 파문당했다. 스피노자는 데카르트의 기계적 우주관에서 자신이 발견한 세 가지 결함, 즉 초월적인 하느님, 정신-육체 이원론mind-body duality, 자유의지에 대한 주장을 바로잡는 일에 착수하였다. 그는 하느님 대신에, 모든 것을 포함하며 그 자신은 숭배받는 일에 무관심하지만 우리의 숭배를 받을 만한 가치가 있는 '우주적 존재being of the universe'를 상정했다. 그 존재는 의식을 갖고 있을 수도 있지만, 우리가 이해하는 것과 같은 의지will는 없으며, 최후의 심판이나 영원한 형벌 따위에 관심을 가지거나 그럴 수 있는 존재와는 거리가 멀다. 정신과 육체는 본래 한 유기체의 두 측면이고, 정신은 그것의 의식적 부분을 담당한다. 그러나 육체의 본능, 식욕, 욕망은 자유의지를 유린하고, 희로애락의 감정에 변화를 준다. 사람은 자유의지나 감정이 아닌, 본능이나 희로애락을 추구한다는 점에서 '자유'로운 것이다. 선한 것은 개체나 종에게 유용한 것이지, 하느님에게는 아무런 의미가 없다. 기적은 자연적 사건들을 잘못 이해해서 생긴 인상에 지나지 않는다.

스피노자는 정신의 어떤 부분은 영원하다고 말했는데, 이것은 그의 전체적 사유 체계와 모순되는 듯하다. 그는 17세기에는 무신론자라는 이유로 비난받았지만, 18세기에는 똑같은 무신론자로서 수용되었다.

좀더 전통적인 사고에 집착하는 사람들이 해결해야 할 난제는, 기계론적 우주 속에서 왜 그렇게 많은 영혼이 지옥에 떨어지기 위해 창조되었는지를 설명하는 것이었다. 독일의 라이프니츠Gottfried Leibnitz(1646~1716)는 '선을 택하느냐 악을 택하느냐에 대한 개인의 자유의지를 내포하는 데카르트식 합리주의Cartesian rationalism'와 '칼뱅의 이중 예정설double predestination'을 융합하려 애썼다. 하지만 나중에는 하느님이 더 나은 세상을 창조할 수 있었다면 벌써 그렇게 했을 것이며, 따라서 이 세상의 결함은 원래 천지창조 때부터 갖추어진 것이라고 말하면서 다소 아르미니우스Arminius적인 '낙관주의optimism'로 돌아섰다. 라이프니츠는 볼테르가 철학 콩트 『캉디드Candide』에서 조롱한 지극히 낙천적인 팡글로스 박사Dr. Pangloss('모든 것pan을 설명함gloss', 또는 '모든 것pan을 닦음gloss'의 뜻)와 같은 사람이었다. 팡글로스 박사는 이 세상이 "존재할 수 있는 모든 세상 중에서 최고"라고 선포한 사람이었다.

과학 시대 초기 사람들이 과거의 지식과 현재의 새로운 지식을 통합하려고 힘쓴 반면, 볼테르는 반反기독교적인 계몽주의 시대에 속해 있었다. 17세기의 과학자와 철학자들(그 당시까지도 여전히 그들 사이에 실질적인 차이는 없었다)은 성서뿐 아니라 그 밖의 여러 가지 제약 속에서 연구활동을 했다. 우선 그들은 우주와 지구의 나이가 얼마나 되는지 몰랐다. 그들은 우주와 지구가 겨우 수천 년 전쯤에 생겨났을 것이라고 생각했고, 보통 성서에 근거한 시간인

기원전 4004년을 우주의 시작으로 추론했다.[4] 그리고 「창세기」에 대략 서술된 것을 따라, 식물과 동물이 본래 고정된 기계적 질서 안에서 창조되었다고 생각했다. 그들에게는 진화라는 개념이 없었기 때문에 자연의 놀라운 균형을 하느님의 신성불가침한 솜씨, 하느님의 전능한 창조력의 증거라고 보았다. 프로테스탄트는 그것을 예정론의 증거로 보았다. 이것이 이른바 "목적론적 논증argument from design"이라는 것이다.

게다가 이러한 시계공의 우주는 아주 작았다. 로마 카톨릭의 반대에도 불구하고, 과학에 경도된 사람들은 모두 태양이 우주의 중심에 있다는 코페르니쿠스적 우주관을 받아들였지만, 행성은 아직 겨우 6개만이 알려져 있는 정도였고, 그 중에 코페르니쿠스는 지구를 여섯 번째 행성에 넣었다. 하지만 오래지 않아 모험적인 사람들은 수많은 별들 중에 또 다른 태양들이 있을지 모른다고 생각하기 시작했다. 그러나 은하의 성운들을 식별할 수 있을 만한 망원경은 당시에 없었다. 수없이 많은 우주가 존재하고, 각각의 우주 안에는 수십억 개의 태양이 있으며, 그 각각의 태양 주위를 수조 개의 행성들이 공전하고 있다는 생각은 그로부터 먼 훗날에나 등장한다.

뉴턴Isaac Newton(1642~1727)은 홉스를 제외하고 대부분 뜻을 같이 한 영국인들의 모임이었던 왕립협회에서 가장 저명한 회원이었다. 그들은 데카르트에게서 우주의 모형을 취해서 뉴턴을 주축으로 우주론을 확립하였으며, 그것과 성서를 조화하고자 노력하였다. 꾸준하고도 조심스럽게 그들은 칼뱅주의의 영국 국교회에서 벗어나 그보다 단순한 이신론理神論, 말하자면 자연종교natural religion로 이행하기 시작했다. 그들 중 가장 출중했던 뉴턴은 신앙을 고수한 과학자로서 존경받았다. 그러나 20세기 들어 그의 개인 문서들이 출판되기 시작했고, 참으로 신앙이 깊으면서도 동시에 진실하고 헌신적인 수학자로 알려졌던 뉴턴도 서서히 예수의 부활을 포함한 기적들에 대해 믿음을 잃었고, 또, 삼위일체Trinity도 부정했다는 사실이 알려졌다. 여기서 나타난 견해는 로크John Locke(1632~1704)의 견해와 똑같은 것이었다. 비록 뉴턴이 하느님, 심지어는 최후의 심판까지 믿을 수 있었더라도, 뉴턴의 수학과 성서의 기적은 공존할 수 없었던 것이다. 그리고 뉴턴은 지옥의 영원성도 의심하기 시작했다.

결국 최후의 심판 이후에 지옥이 존재한다는 것은 무엇을 의미하는가? 처벌은 경우에 따라 겁을 주기도 하고, 죄인을 바로잡거나 치유하기도 한다. 지옥은 확실히 겁을 주어 죄를 막는 억제책이었다. 개인적으로 지옥을 의심하는 사람조차 다른 사람들에게는, 특히 하층민들에게는 지옥이 쓸모 있는 것이라고 느꼈다. 카톨릭의 연옥은 교정과 치유를 위한 것이었다. 그런데 시간의 종말에 가서는 유한한 죄를 지은 사람이 무한한 형벌을 받는다는 것인가? 이것은 치유도 억제도 아니다. 그것은 악의에 찬 복수일 뿐이다. 이중 예정론을 거기에 더해 보라. 그러면 당신은 전율할 정도로 무시무시한 하느님을 떠올리게 될 것이다. 그 하나님은 압도적 다수의 저주받은 자들을 창조하고("많은 사람들이 부름받지만, 극소수만이 선택받는다."), 구원의 교리로 그들을 놀리고, 그 자신이 창조한 죄의 상태를 이유로 영원히 벌을 받게 할 뿐이다. 이 모든 것의 목적은 선택받은 자들the elect을 즐겁게 하려는 것뿐이다. 17세기 합리주의는 하느님에 대한 그런 견해를 용납할 수 없었다. 그리고 우주라는 기계를 삐걱거리게 만드는 과거의 어떠한 유물도 용납하지 않았음은 말할 것도 없다.

물론 대부분의 사람은 이중 예정론을 정말로 믿지는 않았다. 그들은 아마도 (자신이 아니라 다른 사람들에 대한) 처벌을 정당화할 수 있는, 애매한 형태의 자유의지를 믿었을 것이다. 그러나 충분히 사리를 따질 줄 아는 많은 사람들은 영원한 징벌이 있다는 생각을 조용히 버리기 시작했다. 홉스, 로크, 그리고 다른 많은 사람들이 내린 결론은, 악한 자는 자신의 죄에 합당한 고통의 기간을——대략 천 년 정도——겪은 후에 깨끗이 사라진다는 것이었다.

어떤 사람들은 죽음 직후에 영혼이 절멸annihilation한다고 생각했다. 소치니 파 교도들5)이 그렇게 믿었다고 한다.*6) 유대 인들도 이 견해에 동조하고 있었다. 1세기 전에 재세례파anabaptists에게도 이와 비슷한 견해가 있었다. 이런 집단들이 이단 용의자로 몰린 반면, 18세기에 이르면 데이비드 흄David Hume이 앞장서서 모든 종류의 내세를 부인하고, 임종의 침상에서 모든 것이 소멸한다는 설(deathbed annihilation)을 내세웠다. 이것은 신앙심 깊은 보즈웰Boswell을 곤경에 빠뜨렸다.

자연과학적 방법이 중세처럼 문자 그대로 해석하는 방법을 따를 수밖에 없는 경우가 왕립학회에서도 종종 있었다. 1714년 토비어스 스윈든Tobias Swinden은 당시의 최신 이론에 입각해서 『지옥의 본질과 위치 탐구An Enquiry into the Nature and Place of Hell』라는 책을 냈다. 이 책에서 그는 지옥이 태양에 위치한다는 것을 논리적, 과학적으로 입증하고자 했다. 그의 고찰에 따르면, 만약 지하세계가 지옥이었다면 오랜 세월에 걸쳐 겹겹이 쌓인 영혼들이 이미 지하세계의 모든 공간을 가득히 채워 버렸으며, 지옥의 불이 계속 탈 수 있을 만한 충분한 공기도 공급될 수 없었다. 오로지 태양만이 과거나 미래에도 변치 않고 그 많은 저주받은 영혼들을 수용할 수 있을 만큼 거대하고 맹렬하며 영구적이었다. 더욱이 코페르니쿠스적 우주의 중심인 태양은, 지구 위쪽에 있다고 잘못 여겨져 온 최고천Empyrean에서 가장 멀리 떨어진 곳에 위치했다. 과연 명쾌한 결론

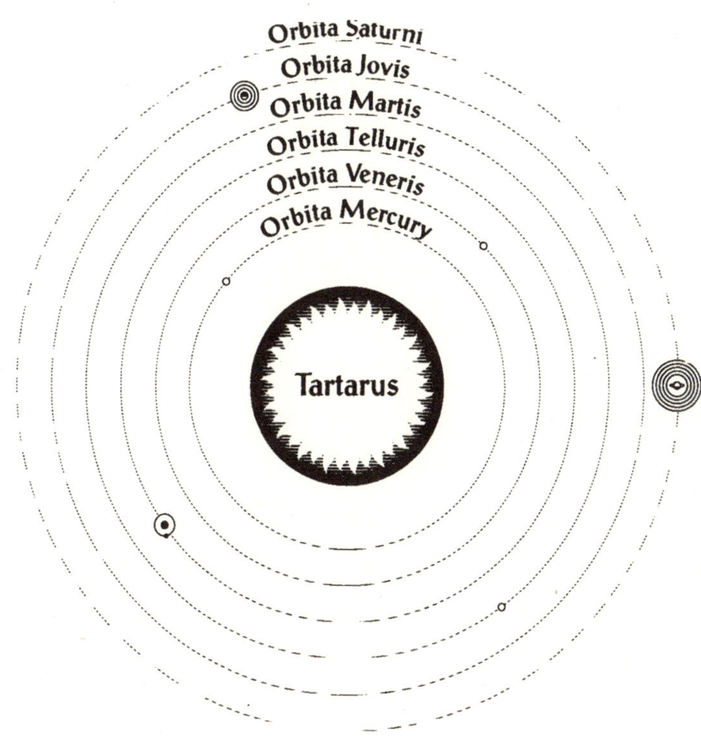

토비어스 스윈든Tobias Swinden의 우주.

이었다.

하지만 그렇지 않았다. 3년 후에, 휘스턴William Whiston은——케임브리지 대학에서 뉴턴의 뒤를 이어 수학 교수로 봉직했으나, 신앙이 비정통적이라는 이유로 쫓겨났다——『자연종교와 계시종교의 천문학적 원리들Astronomical Principles of Religion, Natural and Reveal's』을 발간했다. 이 책은 그가 뉴턴에게 헌정한 책이다. 뉴턴이 제시한 운동의 제2법칙이 휘스턴으로 하여금 혜성은 정해진 궤도를 도는 천체이며, 그 궤도는 타원형이지만 기계론적 우주 안에서 계산해 낼 수 있다는 생각을 구체화하는 데 도움을 주었기 때문이다. 1705년 에드문트 핼리Edmund Halley(1656~1742)는 주기적으로 나타나는 혜성 24개의 궤도를 계산하여 책으로 써냈고, 뉴턴의 혁명적인 수학을 이용해서 자신의 이름을 붙인 한 혜성이 1758년에 다시 나타나리라고 정확히 예견했다. 휘스턴은 핼리의 혜성궤도 계산을 깊이 연구하고, 성서 등에 나타난 지옥의 증거, 특히 극단적인 열과 냉기에 대한 증거들을 종합한 결과, 혜성의 궤도야말로——그 궤도는 태양에 아주 가까운 곳에서부터 멀리 "토성 근처의 차가운 지역"까지 펼쳐진다——고통의 장소인 지옥의 "표면 또는 대기권"이라고 결론지었다.

휘스턴은 영국 왕립협회의 동료들에게서 불신을 받자, 이전의 영혼 절멸설로 후퇴했다. 1740년 『지옥 형벌의 영원성에 대한 소고 The Eternity of Hell Torments Considered』에서 그는 지구 내부에 징벌받지 않는 영역, 하데스를 설정하고——이곳은 형벌은 없지만, 그 혼란스러움을 생각하면 결코 쾌적한 곳은 아니었다——죽은 자들의 영혼은 모두 다 여기로 모여 자기 행실을 개선할 기회를 얻는다고 썼다. 최후의 심판 때(휘스턴은 천년왕국설 신봉자였다), 축복받은 자들은 영적인 몸으로 승천하고, 극악무도한 자들은 죽을 당시의 병들거나 손상된 몸으로 다시 돌아간다. 벌레의 등장도 이것으로 설명이 된다. 그 뒤에는 세계 종말의 거센 불길이 일어나서, "그들은 고뇌의 극한 속에서 소멸한다."고 한다.

런던 성 바울 대성당의 주임사제였던 존 던John Donne(1573~1631)은 「이그나티우스의 비밀회합Ignatius, His Conclaue」이라는 제목의 글을 써서 예수회를 풍자했다. 그 무대는 지옥인데, 예수회 스타일의 지옥이 아니라 루키아노스가 자신의 정치적 견해를 밝히기 위해 만들어 낸 해학적인 지옥이다. 던은 마치 지옥의 변방인 림보와 연옥을 거쳐 정말 지옥에 갔다 온 듯이 이야기한다. 또한 지옥의 마왕(루시퍼)이 이그나티우스 로욜라와 환담을 나누던 도중, 새로운 세계 질서라는 것을 만들어 낸 괘씸한 과학자와 사상가들을 재판하려고 하는 장면을 직접 봤다는 듯이 이야기를 써 나간다. 마왕과 로욜라가 괘씸히 여긴 자들을 보면 우선 코페르니쿠스, 이어서 존 던의 관심을 끈 책들을 쓴 연금술 의학자 파라켈수스, 그리고 마왕을 교묘히 부추겨 이그나티우스를 저버리게 하는 마키아벨리 등이 있다. 갈릴레이의 망원경을 이용해서 마왕과 이그나티우스는 달표면에 새로이 지옥의 식민지를 세우고, 이그나티우스가 그곳을 통치하기로 한다. 이 지옥은 바티칸이 유죄 선고를 내린 모든 이단자들을 수용하기 위한 것이다.

이 에세이는 즐겁게 보라고 쓴 가벼운 글이지만, 당대의 과학적 발견뿐만 아니라, 신대륙 발견에 대한 관심이 그대로 드러난다는 점에서 주목할 만하다. 거기에는 당대 사람들을 매우 흥분하게 했던 아메리카 대륙과 인도, 동방의 여행기들도 있었다. 존 던은 로마 카톨릭 신자로 자라며 예수회 수도사들에게 교육을 받았다. 옥스포드와 케임브리지 대학에서도 공부했지만, 종교 때문에 학위는 받지 못했다. 그는 항상 과학에 관심이 많았다. 홉스와 밀턴이 갈릴레이를 찾아갔던 것처럼, 던은 오스트리아 벽지에 있던 케플러와 교제했다.

던은 종교적으로나 감각적으로나 강렬하고 고상한 시를 쓴 것으로 우리 기억에 남아 있다. 그는 나중에 영국 국교회로 개종한 뒤 저명한 설교자가 되었다. 그러나 지옥불로 신도를 겁주는 설교자는 아니었다. 비록 말년에 이르러 과격한 성향을 띠긴 했지만, 그는 기질상 지옥불을 운운하는 것이 어울리지 않았다. 아래에 인용된 글은 존 던의 설교문으로서, 온건하고 교양 있으며 과학 지식을 갖추고 있으면서 신앙심도 깊은 당시의 중산층 프로테스탄트들이 선고받는 지옥의 고통poena damni이 어떤 것인지 잘 보여 준다.

하느님 그분은 집 밖에서 문을 두드리는 사람과 같은 아주 평범한 모습으로, 결국 말씀과 자비로 내 영혼 속에 들어오실 수 없으면, 심판을 내리시어 학질과 중풍으로 이 육신이라는 집을 뒤흔드시며 이 집을 열병과 열사병으로 불타게 하시고, 그 집에 거처하는 주인, 곧 내 영혼을 공포와 근심으로 짓눌러 떨게 하시면서 내게 들어오십니다. 나에 대한 당신의 목적과 실천을 포기하고 그만 두실 것입니다. 그리고 나를 떠나 마치 내가 한 푼의 가치도 없었다는 듯이 나를 내팽개치실 것입니다. 하느님은 마침내 이 영혼을 마치 연기처럼 증기처럼 거품처럼 사라지게 하십니다. 영혼이 연기나 증기나 거품이 될 리야 없지만, 암흑 속에서 살아야만 합니다. …(중략)… 하느님의 모습을 영원히 영원히 영원히 볼 수 없다는 저주보다 더한 고통이 있을 수 있겠습니까?

이 설교에서 '나'라는 일인칭을 사용한 것은 놀라운 효과를 발휘

한다. 던은 말로우와 셰익스피어와 같은 시대에 살았지만, 그들보다
오래 살았던 까닭에, 그의 시와 산문은 모두 다가오는 과학의 시대
에 대한 기대가 담겨 있었고, 또한 아우구스티누스와 아우렐리우스
Marcus Aurelius 시대 이후 사라진 지 오래 된 일종의 자기계시
self-revelation에 대한 기대도 담겨 있었다.

토마스 브라운Thomas Browne(1605~1682)의 『의사의 종교Religio
Medici』에 나오는, 던에 필적하는 자기 고백적 문구는 던과 유사하
면서도 약간 급진적인 영국 국교회의 입장을 드러낸다. 브라운은
다른 지성인들처럼 이신론理神論으로 옮겨가고 있었다. 그는 스스
로 결코 지옥을 두려워한 적이 없다고 회고하며, 하느님은 인간이
자신을 분노하게 했을 때 오직 최후의 수단으로써만 지옥을 사용할
것이라고 믿었다.

나는 겁에 질려 천국에 간 사람이 있다고 생각할 수 없다. 지옥
에 대한 두려움 없이 하느님을 섬기는 자들은 천국을 향해 똑바로
가고 있는 것이다. 지옥이 무서워서 하느님에게 굽실거리는 타산
적인 사람들은 비록 스스로를 전능하신 분의 사도라고 생각하겠지
만, 사실은 형편 없는 노예일 뿐이다.

한편, 수백 명의 청교도 설교자들은 아래에 인용한 크리스토퍼
러브Christopher Love(1618~1651)와 같이 청중을 위협하여 공포에
떨게 했다.

여러분이 만약 더 이상 말을 할 수 없을 때까지 기도한다 할지
라도, 한숨짓다가 허리가 부러질 정도가 된다 할지라도, 여러분의
말이 한숨이 되고, 모든 말이 눈물이 되고, 모든 눈물이 한 방울의

피가 된다 할지라도, 결코 아담이 잃어버린 하느님의 은총을 되찾을 수 없을 것입니다. 사람은 단지 그 한 가지 죄 때문에 하느님의 아름다운 형상을 기억 속에서 지워버렸고, 그분의 지혜를 잃어버렸습니다. 그것은 만 번의 설교와 만 번의 예배로도 되찾을 수 없는 것입니다.

'러브'라는 이름에 걸맞지 않게 극단주의자였던 그는 "회개하지 않는 자들에게는 위로를 주는 설교보다 공포를 주는 설교가 훨씬 더 큰 효과가 있다."며 자신의 주장을 변호했다. 또 "억세고 문제투성이인" 영혼들에 대해서는 "지옥불의 섬광만이 그들의 양심을 놀라게 할 것이다."라고 하기도 했다. 한편 온건한 성직자 로버트 버튼Robert Burton(1577~1640)은 『우울의 해부The Anatomy of Melancholy』(1621)에서 "격노하여 고함을 질러대는 사제들" 때문에 병적인 절망에 빠져 버린 환자의 상태를 설명하고, 그런 환자를 치료하기 위해 성서에서 뽑은 구절들을 제시했다.

그러나 17세기의 모든 설교자들 중에서 단연 두각을 나타낸 사람은 침례교도인 존 번연John Bunyan(1628~1688)이었다. 그는 기독교인의 구원을 향한 여정을 그린 우화『천로역정Piligrim's Progress, from This World to That Which Is to Come』(1678)으로 대중적인 인기를 누렸다. 『천로역정』은 1792년까지 160판을 발행했고, 19세기를 통틀어 영어로 씌어진 책 중 성서 다음 가는 베스트셀러였다. 거기서 지옥은 주변적으로만 등장한다. 번연의 두 번째 유명한 책은, 초판이 나온 1658년부터 1797년 사이에 30판을 찍은『지옥에서 들려오는 한숨소리A Few Sighs from Hell』다. 이 두 작품에 나타난 번연의 견해와 기법은 완전히 중세적인 것으로서, 그 책들이 누린 큰 인기는 엘리트 층의 사고방식이 민중의 사고방식과 얼마나 다를 수 있는지 입증한다. 실제 설교를 토대로 한 『지옥에서 들려오는 한숨 소리』는 환상적인 지옥의 주변을 청교도적인 공포의 웅변으로 채색한 것에 지나지 않는다. 뱃속은 불타는 역청 또는 녹은 납으로 가득 차 있고, 빨갛게 달군 집게가 살을 갈갈이 찢고, 사지는 떨어져 나간다. 그리고 기름에 튀겨지고 불에 그을리거나 구워지고 영원히 불에 타는 영혼들을 그린다. 당시 청교도 집안의 아이들은 흔히 번연 작품의 사본을 선물로 받았다.

23

계몽주의
The Enlightenment

18세기에는 지적 활동의 중심이 영국에서 프랑스로 바뀌었고, 계몽주의 운동의 중심에 서 있던 사람들은 프랑스 인이건 아니건 '필로조프philosophes'(자유사상가)라는 프랑스 어로 불렸다. 그들 중에는 물론 철학자도 있었지만, '필로조프'라는 프랑스 어가 반드시 영어의 '철학자philosopher'를 의미하는 것은 아니었다. 그들은 철학자이기 전에 사상가이자 작가이자 논객이자 비평가였으며, 합리성과 과학에 대한 믿음, 그리고 억압을 벗어난 자유에 대한 믿음을 공유하는 문필가들이었다. 여기서 억압을 벗어난 자유란 상당 부분, 제도화한 종교의 압제에서 자유로워지는 것을 의미했다. "유치함을 타도하자Ecrasez l'infâme!"라는 볼테르의 구호에서 '유치함l'infâme'이라는 말이 의미하는 것은, 데이비드 흄이 지옥의 공포란 사람들을 억압하는 장치에 불과하다는 점을 역설하면서 "우매함, 기독교, 무지"라고 불렀던 바로 그것이었다.

편의상 피에르 베일Pierre Bayle(1647~1706)을 첫번째 '필로조프'

라고 해 두자. 비록 18세기를 6년밖에 경험하지 못했지만, 그래도 그는 18세기 식의 풍자적 말투를 썼고, 학문적 작업에서도 18세기 특유의 방식을 취했다. 그것은 한 관점을 증명하기 위해 수많은 자료와 의견을 부지런히 수집하는 방식을 말한다. 때는 바로 존 레이 John Ray(1627?~1705)가 '종species'의 개념을 해명하여 동식물을 분류하는 유용한 방법을 확립한 때이며, 18세기의 지성인들은 필로조프이건 그 반대자들이건 사전, 백과사전, 목록, 총서, 일람표, 수집물 등 온갖 체계들을 열성적으로 만들어 내던 시기다.

프랑스의 필로조프들 중에 잘 알려진 이로는 볼테르Voltaire, 몽테스키외Montesquieu, 디드로Diderot, 그리고 44권으로 된 『자연의 역사Natural History』를 쓴 두 명의 과학자 달랑베르Jean d'Alembert(1717~1783)와 뷔퐁Comte de Buffon(1707~1788)이 있고, 다른 필로조프들과 심하게 다투고 끝내 그들과 절연한 루소Rousseau가 있다. 영국에서 가장 잘 알려진 인물은 철학자 데이비드 흄David Hume, 경제학자 아담 스미스Adam Smith, 그리고 역사가인 에드워드 기번Edward Gibbon(1737~ 1794)이 있다. 미국에서는 선구적 영웅인 이탄 알렌Ethan Allen(1738~1789)과 정치 이론가인 토마스 페인Thomas Paine(1737~1809)을 들 수 있다. 한편 벤자민 프랭클린 Benjamin Franklin과 토마스 제퍼슨Thomas Jefferson이 만든 「독립선언문」은 계몽주의 시대의 가장 위대한 정치 문서가 되었다.

17세기 사람들과는 달리, 계몽주의 시대의 학자들은 자신의 연구 결과들에 맞는 성서 구절을 찾는 일에는 더 이상 흥미가 없었다(단, 성서를 비방할 때는 빼고 말이다). 이런 태도는 진정한 경험주의로 나아가는 길을 처음으로 열어 주었다. 그리하여 뷔퐁은 단순히 몇천 년 전으로 한정되는 창세기 규모의 시간이 아니라 아득히 먼 과거로 눈을 돌렸고, 천지창조가 6일만에 이루어 질 수는 없으며, 여

계몽주의 시대의 악마. 시대를 반영하듯 안경을 걸치고 있다.

섯 기에 걸쳐 완료된 것도 아니라는 생각에 이른다. 각종 보고서들과 온갖 상품들, 그리고 신세계와 극동 지역에서 점점 빈번하게 찾아오는 사람들 때문에 유럽은 편협한 시야로는 더 이상 버틸 수 없었다. 꾸준히 전개된 번역작업을 통해 유럽인들은 과거와 타문화를 존중할 줄 알게 되었고, 산업화가 시작되면서 철학, 과학, 종교는 각각 다른 범주로 분리되기 시작했다.

지옥에 대한 정통 교리를 논파하기 위해 필로조프들이 택한 과학적 접근방법이 어떤 것인지 알아 보려면, 이것들 가운데 선두 주자격인, 베일Bayle의 백과사전『역사 비평 사전Dictionnaire Historique et Critique』(1697)이 도움이 된다. 사실상 에세이 모음집인 이 사전에서 베일은 교리에 대항하는 평범한 논쟁뿐 아니라, 특이하게도 칼뱅주의 위그노 교도의 지도자인 피에르 쥐리외Pierre Jurieu에 반대해서 논쟁을 벌이기도 했다. 쥐리외는, 하느님이 죄를 얼마나 미워하는지 보여 주려고 죄짓는 것을 허용했다고 말했다. 베일은, 죄를 짓지 못하도록 함으로써 죄에 대한 증오를 보여 주는 것이 더 효과적이지 않겠느냐고 반박했다. 쥐리외는 "이성, 관습 그리고 세상의 모든 법률에 기대어 볼 때도" 지옥은 필요하다고 논증하였다. 그러나 베일은 동의하지 않았다.

지옥에 대한 직접적 논쟁을 벌이는 것은 당시 상황에서 그리 신중한 태도가 아니었으므로, 베일은『역사 비평 사전』에 지옥에 관한 항목을 넣지 않았다. 그 대신 베일은 이단, 타종교, 무신론, 계시, 그리고 스피노자 같은 철학자들에 관한 글로 위장하고 측면 공격을 시도했다. 그의 무기는 기지와 박학다식이었다. 그의 주장의 핵심을 보면, 윤리와 도덕적인 삶은 고통을 주는 하느님(또는 신들)에 대한 두려움과 무관하며, 하느님(또는 신들)은 어떤 사람에게는 신앙적 신비일지 모르지만, 다른 이에게는 음울한 미신으로 보일 수 있다

는 것이다. 쥐리외는 카톨리시즘을 비난하면서 초대 교회가 이단에
대해 일관되지 못한 태도를 취했다고 지적했다. 베일은 그러한 쥐
리외의 논법을 그대로 이용하여, 칼뱅주의 자체도 정통 신학이 맹
렬히 비난한 새로운 이단들을 그 어느 것도 구원의 대상에서 배제
하지 못했다고 논증했다. 베일의 주장 중에서 가장 아이러닉한 관
점은 지옥을 두려워하지 않는 무신론자는 자연스럽게 도덕을 갖춘
사람인데 반해서, 정작 사악한 사람은 영원한 형벌에 대한 신앙이
있어야만 악행을 저지르지 않는다는 것이다.

50년 후에는 디드로가 장대한 『백과사전Encyclopédie』을 간행하
기 시작했다. 이제 지옥에 대한 공격은 노골적이었다. '천벌
Damnation' 항목을 보면, 정통 교리의 비논리성이 모두 드러난다.
예를 들면, 유한한 죄와──그것이 아무리 극악한 것일지라도──
영원한 벌의 불균형, 최후의 심판 이후에 받는 형벌의 무의미함, 하
느님의 자비 또는 그리스도의 희생이란 개념과 양립하기 어려운 영
원한 고통 등이 있다. 도덕적인 이교도, 고결한 미개인noble savages,
그리고 모든 프로테스탄트와 그 밖의 이단자들은 반드시 지옥으로
떨어져야만 할까? 여기서 스윈든과 휘스턴의 주장을 진지하게 다루
지만 결국 비합리적이라고 결론 내린다. 『백과사전』의 '천벌' 항목
에서 천벌에 대한 논증은 오직 하나뿐이다. "천벌의 증거는 성서에
명백하게 나타나 있다."는 구절이다. 성서에 대한 디드로의 이러한
회의주의는 듣기 좋은 설교 따위를 혹평한다.

『백과사전』의 마지막 권은 1772년에 선을 보였는데, 그것이 나오
기 전에 볼테르는 직접 편찬한 『철학사전Dictionnaire Philosophique』
을 출판했다. 그 사전은 베일의 것보다 훨씬 짧았지만, 일종의 소론
집小論集이었다는 점에서는 베일의 것과 같은 종류의 것이었다. 볼
테르는 전적으로 체제를 타파할 목적으로 그 사전을 썼다. 볼테르

의 말에 따르면, "『백과사전』은 혁명을 일으키기에 너무 크고 무거웠던 반면, 1764년 익명으로 출판한 자신의 값싼 소책자는 즉각 당국의 강한 비난을 살 정도였으니, 오히려 작은 책이 목적을 달성할 수도 있었다."

볼테르는 당면한 논쟁들에 참여하기보다는 정확한 사실을 제시하고, 그 다음에는 그 사실들에서 논리적이면서 파괴적인 결론들을 이끌어 냈다. 딱딱한 훈계들이나 「중국식 교리 문답Chinese catechisms」 속에 담겨 있는 예리한 비판들은 죽음과 부활, 종말론, 묵시, 기적, 성서적 '사실들', 그리고 철학적 이론 등 온갖 것을 담고 있다. 여기서 지옥 항목인 '앙페르Enfer'는 다른 항목만큼 재미있지는 않지만 정확하다. 그가 볼 때 지옥은 페르시아 인, 갈대아 인(메소포타미아 인), 이집트 인, 그리스 인들이 만들어 낸 것이지, 형벌은 '네 세대'까지만 이어진다고 믿었던 유대 인의 발상은 아니었다. 또한 보통 재주로는 구약성서에서 지옥에 관한 희미한 증거도 찾아내기 어려울 것이라고 볼테르는 말한다. 바리새 파와 에세네 파 신도들에게 지옥 신앙이 있었다는 것은 볼테르도 인정하지만, 그것도 원래는 그리스, 로마에서 전해 온 것이라고 그는 단정한다. 그리고 교회의 몇몇 교부들이 "어떤 가난한 자가 염소 한 마리를 훔쳤다고 해서 영원히 불에 타야 한다는 것은 말도 안 된다."라며 지옥을 거부한 이야기를 소개한다. 그리고 마지막으로 영원한 지옥이라는 개념을 비웃는 한 사제의 해학적인 말을 인용하면서, 지옥은 "당신의 하녀, 재단사, 법률가나 믿는 것이다."라고 말한다.

사무엘 존슨Samuel Johnson(1709~1784)의 『영어사전Dictionary』과 볼테르의 논법을 비교하는 것은 흥미로운 일이다. 신실한 영국 국교도인 존슨은 필로조프들을 과소평가하는 경향이 있었는데, 흥미로운 것은 그의 풍자소설 『라셀라스Rasselas』가 같은 해에 출판된 볼테르의 『캉디드Candide』와 아주 비슷하다는 것이다. 그는 지옥에 대해, 각각 적절한 문구와 성서의 인용문들을 덧붙여 여섯 가지 정의를 내리고, 일곱 번째에 다음과 같이 덧붙였다.

> 지옥 : 여성명사. 〔어원은 색슨 어의 helle〕 1. 악마들과 사악한 영혼의 장소. 2. 선하건 악하건 개별적 영혼들의 장소. 3. 일시적인 죽음. 4. 술래잡기 놀이에서 붙잡힌 사람이 끌려가는 장소. 5. 재봉사들이 옷감을 버리는 장소. 6. 극악무도한 세력들. 7. 현대 작가들보다 옛날 작가들이 곧잘 사용하는 어휘.

이보다 더 정확하고 정중한 정의는 없을 것이다. 그런데 보즈웰이 존슨에 대해 한 이야기 중에 조금 이상한 것이 하나 있다. 이 이야기는 18세기의 교양인, 다시 말해 같은 사교社交 단체나 보즈웰이 표현한 대로 '클럽'이라는 것에 속해 있던 사람들 사이에도 의견 차이가 있었음을 어느 정도 알려 주고 있다.

1784년 6월 12일 토요일, 문단의 대가 존슨, 사제인 아담스 박사, '학식 있고 신실한' 핸더슨, 그리고 보즈웰, 이 사람이 함께 저녁 식사를 하고 있었다. 그러던 중에 갑자기 존슨이 공표했다.

> "나는 내가 구원받을 수 있는 조건들을 갖추었다고 확신할 수 없는 탓에 나 자신이 저주받아야 할 사람들 중 하나가 될까 두렵습니다(침울해 하면서)."
>
> 아담스 박사 : "저주받는다는 것이 무슨 뜻입니까?"
>
> 존슨(흥분해서 크게) : "네, 지옥으로 보내져서 영원히 벌을 받는다는 것입니다."
>
> 아담스 박사 : "나는 그 교리를 믿지 않소……."

존슨은 약간 동요하면서 우울한 기분으로 말했다. "그것에 대해서는 더 이상 말하지 않는 것이 좋겠습니다."

분명히 존슨은 그때 75세였다. 그런데 이의를 제기한 성직자 아담스 박사는 그보다 세 살 위였다.

보즈웰이 데이비드 흄을 방문했을 때의 이야기를 위의 대화와 비교해 보자. 스코틀랜드 철학자 흄은 죽기 7주 전인 1776년 7월 7일 일요일에 보즈웰을 만났다. 보즈웰은 다소 재치 없게 불멸에 대한 주제를 꺼냈다가, 흄이 불멸은 물론 아무 종교도 믿지 않는다고 말하자 매우 놀랐다. "어떤 미래의 상태가 있을 수도 있지 않겠습니까?" 하고 보즈웰이 묻자,

그는 불 위에 있는 석탄 한 조각이 타지 않을 수도 있다고 대답했다. 그리고 자신이 영원히 존재해야 한다는 것은 가장 비합리적인 꿈 중 하나라고 덧붙였다. 완전한 사라짐에 대해 생각할 때, 한번도 불안한 적이 없었는지 나는 그에게 물었다. 그는 미래에 자신이 사라지는 것에 대해서는 물론이거니와, 자신이 있지(존재하지) 않았다고 생각을 할 때도 불안함은 없다고 말했다.

철저하게 정통 신앙에 뿌리를 둔 보즈웰은 당황하면서도 계속 고집을 부렸다.

나는 말했다. "그러나 우리의 친구들을 다시 볼 수 있다는 희망이 있다는 것은 흐뭇한 것이 아니겠습니까?" 그리고 나는 최근에 죽은, 내가 알고 있고, 흄도 높이 평가할 만한 사람 셋의 이름을 들었다. 그는 친구들을 다시 볼 수 있다는 것이 흐뭇한 일이라고 인

오노레 도미에 Honore Daumier가 그린 18세기식 탄탈로스

정하면서도, 그들 중 아무도 죽은 후에도 서로 다시 만날 수 있으리라고 생각할 사람은 없을 것이라고 덧붙였다. 나는, 그가 상식을 거부하고 무엇이든 회의부터 하려고 하기 때문에 그런 바보스럽고 불합리한 견해를 표명하는 것이라고 생각한다.

그리고 보즈웰은 흄과 헤어졌지만, 그 대화에서 받은 인상은 한동안 그의 뇌리에서 사라지지 않았다.

물론 18세기는 다른 방식으로도 지옥 이야기에 대한 흔적을 남겼다. 루키아노스가 창안한 '사자死者들의 대화dialogue of the dead' 형식이 잡지나 소책자에 다시 살아났고, 종교와 정치적 논평, 때로는 스캔들에 있어서까지 가장 인기있는 풍자 형식이 되었다. 호가트William Hogarth(1697~1764)와 고야José de Goya(1746~1828), 그리고 그 밖에 이름이 알려지지 않은 많은 화가들이 그린, 때로는 음산하기까지 한 풍자화들도 마찬가지였다. 대화의 참여자들은 보통 고전 작품에 등장하는 인물들이거나, 또는 최근에 죽은 저명 인사들이었다. 그 중 사무엘 존슨 박사가 특히 인기가 높았다. 그 밖에 미노스, 플루토, 카이사르, 소크라테스, 몽테뉴, 군주들, 주교들, 사교계 여인들, 애디슨Addison(1672~1719)과 스틸Steele(1672~1729) 같은 저널리스트를 꼽을 수 있다. 조지 버나드 쇼George Bernard Shaw가 지옥의 돈 후안을 그린 『인간과 초인Man and Superman』은 이 대화들을 모델로 하였다. 죽은 자들의 대화는 20세기 초의 잡지들에까지도 등장했다.

돈 후안의 생애는 그의 악마적 동반자인 파우스트의 생애에 필적할 만큼 화려했다. 돈과 그의 아름다운 정부 그리고 그를 지옥으로 던져버리는 석상石像이 처음으로 무대에 등장한 것은, 티르소 데 몰리나Tirso de Molina라는 필명을 쓰는 스페인 사제가 1630년경 쓴 희곡 『세빌리아의 호색가El Burlador de Sevilla』에서였다. 그 두 주인공은 모차르트의 『돈 지오반니Don Giovanni』(1787)와 그 이후의 이런저런 작품들에서 계속 지옥에 사는 것으로 나온다. 여기 소개하는 것은 더할 수 없이 우스꽝스러운 춤과 노래로 된 지옥의 가곡으로서, 토마스 쉐드웰Thomas Shadwell이라는 왕정복고 시대의 극작가가 돈 후안 연극 『난봉꾼The Libertine』(1676)의 향연 장면을 위해 쓴 것이다.

악마 1 : 서둘러라 서둘러, 새 손님이 오신다.
　　　　지옥의 가장자리까지 오셨다.

악마 2 : 새로 유황불을 지펴라,
　　　　악마들아 모두 모여라.
　　　　지옥에 있는 어떤 자와도
　　　　비교할 수 없을 만큼 사악한 자들의
　　　　끔찍한 최후를 기다리자.

악마들의 합창 : 그들이 오게 하라, 오게 하라.
　　　　무시무시하고 영원한 불행이 있는 곳으로
　　　　오게 하라, 오게 하라.

악마 3 : 지옥에 떨어진 그 누구보다 더 사악한 그들이
　　　　여기서는 눈물을 흘리고, 동정받지 못할 신음을 하리라.
　　　　여기서는 울부짖고, 끊임없이 한탄하리라.

악마 1 : 피와 욕망을 통해 그토록 잘 누렸던
　　　　그들은 응당 지옥의 가장 뜨거운 불길을 느끼게 되리라.

악마 2 : 끝나지 않을 격심한 고통 속에서
　　　　지난날의 소행을 통곡한들 아무 소용 없으리.

악마 3 : 그들은 영원한 어둠을 보게 되고

　　　　영원한 쇠사슬에 묶이리라.

　　　　감각과 정신이 끝없는 고통을 받으리라.

악마들의 합창 : 오게 하라, 오게 하라.

　　　　무시무시하고 영원한 불행이 있는 곳으로,

　　　　오게 하라, 오게 하라.

거의 같은 시기에 윌리엄 마운트포트William Mountfort는 할리퀸[1]
과 스카라무슈[2]를 등장시킨『익살극으로 엮어 본 파우스투스 박사의
삶과 죽음The Life and Death of Doctor Faustus Made Into a Farce』을 연
출하고 직접 출연했다. 1724년에는 『광대 파우스투스 박사Harlequin
Doctor Faustus』라는 가장 무도 무언극을 드루리 레인[3]에서 공연하였
다. 콜리 시버Colley Cibber(1671~1757)가 연출한 이와 비슷한 연극
에 대해서 알렉산더 포프Alexander Pope(1688~1744)는 『바보들The
Dunciad』에서 이렇게 언급했다.

갑자기 고르곤들이 야유를 퍼붓고 용들이 노려보고

뿔이 열 달린 악귀들과 거인들이 출정한다.

지옥이 솟고 하늘이 내려와 땅 위에서 춤춘다.

신들, 도깨비와 괴물들, 음악, 격노와 환희,

화염, 춤, 전쟁과 무도회,

큰 불이 모든 것을 삼키고 나니 끝이 난다.

전 유럽의 광장과 장터에서는 인형극장들이 아주 번성했다. 인형
극은 이동이 쉽고, 배우 몇 명만으로도 (다급한 상황에서는 한 사람
만으로도) 제작할 수 있었고, 비용이 적게 들었으며, 정식 연극과

달리 국가 검열을 쉽게 피할 수 있었다. 비록 관중은 아이들로 붐볐지만, 이 극들은 아이들을 위한 것이었다기보다는 가장 널리 퍼져 있는 민중 유머를 바탕으로 한 것이었다. 오늘날 텔레비전의 시추에이션 코미디sitcom와 똑같이, 친숙한 배우들과 반복되는 이야기에 의존했던 이 극들에서 독창성은 그리 중요한 것이 아니었다. 『펀치와 쥬디』4)는 현재까지 전해지는 최후의 인형극이지만, 그 전에 인기를 끌었던 것은 돈 후안과 파우스트 이야기였다. 전자는 돈 후안의 끊임없는 유혹, 후자는 파우스트의 기적과 장난을 우려먹는 것이었는데, 관객이 지겨워하지 않는 이상 얼마든지 줄거리를 길게 늘일 수 있었다. 그런데 돈과 파우스트는 정작, 극의 실제 주인공이 아니었다. 관객들은 그 둘의 광대 같은 하인들, 즉 한스 피켈헤링Hans Pickelhaäring, 한스 부르스트Hans Wurst 또는 할리퀸Herlekin에게 갈채를 보냈다. 이들은 제 주인들의 모험을 따르고 흉내내면서 관객들을 웃기는데, 마침내 악마들이 그 패거리를 지옥의 입으로 끌고 가려고 할 때, 이 촌뜨기들은 꾀를 써서 달아난다. 그때 관중들은 폭소를 터뜨리고 박수를 친다. 괴테의 『파우스트』는 말로우의 희곡이 아니라 시장터의 인형극에서 직접적인 영향을 받았다. 하지만 말로우의 희곡을 번안하여 공연하고 다니던 유랑극단이 인형극에 영감을 준 것도 사실이므로 말로우는 괴테에게 간접적으로 영향을 주었다고 할 수 있다.

18세기의 대다수 사람들은 이성을 추구하지도 않았고, 종교나 지옥 자체에 대한 믿음을 저버리지도 않았다. 1732년 알폰소 데 리구오리Alphonso de' Liguori는 카톨릭 교회들의 설교단에서 지옥불로 설교할 설교자들을 양성할 목적에서 구세주회Order of Redemptor-ists를 창설했다. 다음은 그들의 교구 안내 책자인 『영원한 진리The

Eternal Truth』에서 따온 것이다.

　　그 불행하고 가련한 사람은 아궁이 속의 장작처럼 불 속에 휩싸일 것입니다. 그는 아래서, 위에서, 그리고 사방에서 화염의 깊은 나락을 보게 될 것입니다. 만약 그가 만지고 보고 숨을 쉴 수 있는 곳이 있다면 그 어디에서나 불에 닿고 불을 보고 불을 호흡할 수 있을 뿐입니다. 그는 물 속의 물고기처럼 불 속에 있게 될 것입니다. 이 불은 그 저주받은 사람을 둘러쌀 뿐 아니라 그의 창자 속에 들어와 모진 고통을 줄 것입니다. 그의 몸이 온통 불이 되고, 몸 속에 있는 창자가 불타고, 심장은 가슴 속에서 불타고, 혈관에서 피가 불타고, 골수마저도 머리 속에서 불탈 것입니다. 신에게 버림받은 사람은 모두 그 자신이 불아궁이가 될 것입니다.

　　예수회 수도사들은 대단한 설교자들이었다. 프랑스에서 백과사전파 학자들이 파격적인 메시지를 준비하고 있는 동안, 대단한 설교자들이었던 예수회원들 중에 그 유명한 아베 브리덴Abbé Bridaine과 다른 설교자들은 파리 전체에 저주를 퍼붓고 있었다. 그러나 청교도들의 자랑거리 역시 설교였고, 영국 국교를 따르지 않는 프로테스탄트와 극단주의자들이 거주지로 택했던 미국에서는 더할 나위 없었다.

　　영국 국교도들은 버지니아 식민지에 정착했다. 메이플라워 호를 타고 메사추세츠에 도착한 청교도들은 영국 국교의 계급 질서에 항거한 조합교회주의자들[5]이었다. 이와 거의 동시에 침례교도들도 즉시 독립해서 로드 아일랜드Rhode Island에 정착했다. 영국에서 박해받던 퀘이커 교도들은 펜실베이니아에 자리를 잡았고, 스코틀랜드 장로교도들이 그곳 펜실베이니아와 뉴저지에서 그들과 합류했다.

존 웨즐리John Wesley가 세운 감리교회는 뉴욕 주에 뿌리를 내렸다. 하지만 중앙 교회는 많은 분파로 갈라지고 말았다.

1730년대를 시작으로 복음주의 부흥 운동evangelical revivalism의 물결이 식민지 미국을 휩쓸었다. 이른바 대각성 운동Great Awakening으로 불리는 그것은 장로교회 복음주의자인 길버트 테넌트Gilbert Tennent(1703∼1764)와 더불어 뉴저지에서 처음 시작되었다. 이것은 유명한 조합교회주의 신학자, 조나단 에드워즈Jonathan Edwards(1703∼1758)가 뉴잉글랜드 전체에 퍼뜨렸다. 그 뒤를 이어 칼뱅주의 감리교도인 조지 화이트필드George Whitefield(1714∼1770)는 그 자신이 얘기한 대로 "정열과 명료성과 힘"을 겸비한 선풍적인 방식으로 설교 활동을 했다. 그들이 밝힌 목표는 "잠들어 있는 영혼에게 공포의 쐐기를 박는 것"이었다. 청중들이 눈물을 흘리고 부르짖고 몸부림치고 졸도하며 집단으로 개종하는 사태가 일어나곤 했다.

아버지와 할아버지가 뉴잉글랜드의 성직자였던 조나단 에드워즈는 예일 대학에서 뉴턴과 로크의 사상을 공부했고, 1723년 문학석사 학위를 받았다. 그는 자연과학을 청교도주의의 틀 안으로 받아들이려 노력했고, 상당한 성공을 거두었다. 그는 악과 형벌이 신의 위대한 계획의 일부라고 생각한 철저한 구원 예정론자였다. 한편, 도취적인 면도 있어서 '공포의 설교'를 하는 데 능했다. 그의 첫 부흥 대집회는 1734년부터 1735년까지 메사추세츠 노셈턴Northampton에서 열렸고, 대각성 운동이 절정에 달한 1741년에 그가 행한 「진노하신 하느님의 손 안에 있는 죄인들Sinners in the Hands of an Angry God」이라는 설교는 특히 유명했다. 그는 "그들의 발이 예정된 시간에 미끄러지리라."는 성서 원문에다가, "하느님이 원하시지 않고서는 어떤 것도 악한 자들을 한시라도 지옥에서 벗어나게 할 수 없다."는 해석을 달았다. 이를 설명하면서 하느님의 손에 달려 있는 가는 실에 위태롭게 매달린 채 불길 위에 떠 있는 거미들의 전율적인 이미지를 그려 보였다.

그는 "천성적으로 죄악으로 부패한" 사람들이 일요일에 보이는 고상한 태도에 분노했음이 틀림없다. 그는 「죄지은 자들이 미래에 받는 피할 수 없고 견딜 수 없는 벌The Future Punishment of the Wicked: Unavoidable and Intolerable」이란 제목의 또 다른 설교의 끝을 이렇게 맺었다.

머지 않아 당신은 놀랍게 변할 것입니다. 지금 여기서 위대하신 하느님의 진노와 지옥에 대해 들으면서 편안하고 평화스럽게 앉아 있다가 태평하게 자리를 뜰 당신들은, 이윽고 몸을 흔들며 벌벌 떨고 울부짖고 비명을 지르며 이를 갈게 될 것입니다. 그리고 지금 당신이 무시하고 넘어간 것들이 얼마나 위대하고 중요한지를 납득하게 될 것입니다. 현명한 사람이 되려고 설교를 들을 필요는 없어질 것입니다. 당신이 지금은 아주 정숙하고 태평하게 듣고 있는 하느님의 진노와 능력도 그때가 되면 얕보지 못할 것입니다.

에드워즈는 화이트필드의 야외복음 전도가 지나치게 감정적이라는 생각을 했다고 전해진다. 그러나 유감스럽게도 에드워즈의 견해를 온건하다고 여길 수 있을 만큼 격렬했다는 화이트 필드의 말은 하나도 남아 있지 않다.

최초의 대각성 운동(나머지는 19세기에 걸쳐 몇 차례 일어났다)은 미국 역사에 두 가지 뚜렷한 영향을 미쳤다. 첫째는 각성 운동을 통해 해방된 감정이 곧바로 식민지 전체를 혁명적 열기 속으로 끌어 들였고, 또 많은 사람들이 이 열기를 천년왕국 시대의 출발점으로 보게 했다는 것이다.

2차적인 영향은 좀더 미묘한 것으로서, 부흥 운동의 주도자들도 예견하지 못한 것이었다. 부흥 운동가들이 촉발한 엄청난 논쟁과 종교적 동요는 헌법 제정자들Founding Fathers에게도 예외 없이 영향을 미쳤다. 계몽주의 시대에 프랑스에서 한동안 살았던 프랭클린이나 제퍼슨 같은 이들은 종교적 열광을 혐오한 탓에 온건한 기독교마저 이탈했다. 그렇지 않았다면 그들은 기독교에 동의했을 것이다. 프랭클린은 철저한 이신론자理神論者가 되었고, 제퍼슨도 암묵적으로 그러했다. 두 사람 모두 미국을 파벌주의와 광신주의에 빠지지 않게 하려면 종교의 다원주의를 보장해야 한다고 보았다. 제퍼슨이 프랭클린의 도움으로 작성한 미국의 독립 선언문에서는 "자연의 법과 자연의 신"이라고까지만 언급할 뿐이었다. 이 형식에 대해서는 흄도 승인했을 것이다. 미국 헌법에서 하느님이라는 이름은 어디에도 나타나 있지 않으며, 교회는 단호하게 국가와 분리되었다.

24

스베덴보리의 환상
Swedenborg's Vision

18세기의 마지막 금자탑을 쌓은 인물 중 하나는 스톡홀름의 에마누엘 스베덴보리[1]였다. 그러나 그의 영향력은 그가 속한 시대보다 19세기에 더 커졌다. 주교의 아들이던 스베덴보리는 동시대의 많은 사람들이 그랬듯이 지속적으로 과학에 관심을 기울이고 있었다. 그에게는 과학에 대해 상당한 재능이 있었던 것으로 보이며, 천문학에서부터 대수학, 금속학, 당시에 눈에 띄게 진보하고 있던 물리학, 해부학에 이르는 광범한 분야에 관심이 있었다. 에머슨Emerson은 그를 "위대한 영혼colossal soul"이라 칭송했고, 그보다 덜한 표현이기는 하지만 "문학의 거장들 중 한 사람"이라고 칭송했다.

스베덴보리가 과학과 철학 분야에서 쌓은 업적은, 그가 50세에 이르러 환상적인 영적 계시를 기록으로 남기기 시작하면서 얻은 명성에 가려 버렸다. 그의 가장 유명한 책 『천국과 지옥Heaven and Hell』(1758)에서 이 계시를 설명한 부분들은 중세의 환상문학vision literature처럼 매혹적이면서도 다른 면이 있다. 스베덴보리의 접근법은 지리학자의 견문 기록처럼 냉정하고 정확하며 비감성적 언어를 사용한다는 점에서 중세의 환상문학과 다르지만, 형태는 길이가 훨씬 길다는 점만 빼면 상당히 비슷하다. 중세 환상문학과 달리, 그는 지옥보다는 천국과 천사들에 훨씬 더 관심을 기울였다(중세의 환상문학과 마찬가지로 그의 우주관에서도 천국과 지옥은 복수 형태를 취하는데, 그것들은 궁극적으로 하나의 전체 속에서 각각 일부분을 이루고 있다). 그러면서도 그는 청동 엘리베이터 같은 것을 타고 내려간 저 아래쪽 세계를 충실히 묘사하고 있다.

영적 세계spiritual world에도 자연계와 똑같이 평원과 산과 강 따위의 경치가 있다고 그는 설명한다. 천국들heavens은 가장 높은 곳에 위치하고, 영들의 세계world of spirits가 그 밑에, 그리고 그 두 세계 아래에 지옥들hells이 있다. 영들은 '내면의 눈'을 열지 않으면 천국을 볼 수 없고, 지옥에 떨어진 영혼들도 그들 위에 있는 세계를 전혀 볼 수 없다. 그렇지만 천국과 지옥은 균형을 이루고 있다. "지옥에서는 끊임없이 악을 퍼뜨리려 하고, 천국에서는 끊임없이 선을 장려하기 때문이다." 스베덴보리에게서 보이는 오리게네스의 여운은 논쟁을 야기하며, 죄인들을 삼켰다 뱉었다 하는 '툰달'의 루시퍼 같은 모습도 보인다. 스베덴보리는 일단 사람의 운명이 결정된 뒤에는 어떤 개심의 여지도 인정되지 않는다고 보았는데, 이는 열성적인 만인 구원론자였던 에머슨의 반감을 샀다. 또 다른 환상체험가visionary인 블레이크William Blake도 처음에는 스베덴보리에게 매력을 느꼈지만, 얼마 후 예정설을 일절 거부하고 돌아섰다.

스베덴보리가 주장한, 영들이 머무는 중간 세계는 19세기의 강령술사들과 20세기의 임사체험 기록자들을 가장 당혹하게 했다. 그것에 상응하는 것이 카톨릭의 형벌 없는 연옥이며, 또는 일부 프로테스탄트들이 애써 정의하고 싶어했던 천국과 지옥 사이의 어떤 지대였다. 신비주의자나 영매들은 이곳과 현세가 교류한다고 믿었다. 스베덴보리가 본 바에 따르면, 이 음침한 림보와 같은 곳에서 영혼들은 제 본성에 따라 천국이나 지옥을 향해 천천히 걸어간다.

모든 천국 구역은 그에 상응하는 지옥 구역을 갖는다. 가장 나쁜 지옥들은 서쪽, 특히 북서쪽에 있는 것들인데, 거기에는 로마 카톨릭 교도들이 갇혀 있다. 그들은 "스스로 신처럼 숭배받고 싶어한 자들이고, 또 자신들이 인간의 영혼과 천국까지 지배할 수 있다고 생각했으며, 그러한 생각에 반기를 든 다른 사람들에 대해서 증오와 복수심을 불태웠기 때문이다." 다른 곳에는 무신론자, 세속적 욕망에 얽매인 자, 원한에 사무친 자, 적개심이 강한 자, 도둑, 강도, 수전노, 탐욕스럽고, 무자비한 자들이 산다. 북서쪽 지옥들 뒤에는 "사악한 영혼들이 맹수처럼 어슬렁거리는 어두운 숲들"이 있다. 남서쪽 지옥 뒤는 사막인데, 그곳에는 "속임수와 기만의 죄를 범한 가장 교활한" 자들이 살고 있다. 스베덴보리는 지옥들을 무한히 다양한 악에 따라 엄격하게 분류하고 있다.

산, 언덕, 바위 밑이든, 평야나 골짜기 밑이든 어디에나 있다. 지옥으로 가는 좁거나 또는 넓은 입구는…… 대부분 바위에 울퉁불퉁하게 난 구멍이나 틈새처럼 생겼고, 모두 거칠기 짝이 없다. 이 구멍 속을 들여다보면 모두 어둡고 침침하다. 그러나 그곳에 사는 극악무도한 영혼들은 불붙은 석탄이 발하는 것과 같은 빨갛고 희미한 빛 속에서 움직이고 있다. 그들이 지옥의 어둠에 적응할 수 있었던 것은, 생전에 신의 진리를 보지 못하고 어둠 속에 살았기 때문이다. 모든 지옥 입구들은 영들의 세계에서 사악한 영혼들이 던져질 때를 제외하고는 닫혀 있다. 그것들이 열릴 때는 안에서 연기 같기도 하고 불 같기도 한 그을음 또는 짙은 안개 같은 것들이 흩어져 나온다. 나는 이 지옥의 영혼들이 이런 불이나 연기 또는 안개와 같은 것들을 볼 수도 느낄 수도 없다고 들었다. 그것들 속에 빠져 있으면, 그들은 마치 자신들의 땅 안에 있는 것처럼 숨쉬고, 그렇게 해서 삶의 즐거움을 찾기 때문이다.

스베덴보리가 관찰한 바에 따르면, 지옥의 상층부는 암흑에 휩싸여 하층부는 화염에 휩싸여 있다. 상층부에는 악의 허위에 물든 자들이 살고, 후자에는 '악' 그 자체에 빠진 사람들이 살고 있다.

사정이 좀 나은 지옥에는 허름한 오두막 같은 것이 보이고, 때로 도시처럼 거리와 골목들이 반듯하게 정돈되어 있는 곳도 있다. 집 안에서는 사람들이 끊임없이 언쟁을 벌이고 적개심을 드러내고 치고 받고 싸우면서 서로를 갈기갈기 찢어버리려고 안간힘을 쓴다. 길거리에서는 절도와 약탈이 판을 친다. 어떤 지옥에는 온갖 오물과 배설물이 가득한, 보기에도 역겨운 매음굴이 있다.

이런 지옥들은 그 전원적인 풍경에도 불구하고, 도심의 불결함과 부패를 떠올리게 한다. 에머슨은 환상적 사색visionray thinking을 인정했지만 천국과 지옥은 믿지 않았다. 그가 볼 때 천국과 지옥이라는 개념은 둘 다 시덥잖은 것이었다. 그는 스베덴보리에게 시심詩心이 부족하다고 생각했다. 이런 견해는 우선 스베덴보리를 당황하게 했을 법하다. 스베덴보리는 자신을 여전히 참된 사실만을 기록하는 과학자라고 믿는 것 같았기 때문이다.

에머슨은 스베덴보리의 글이 머지않아 인기를 잃을 것이라고 예견했는데, 실제로 그렇게 되었다. 그러나 어쨌든 스베덴보리는 19세기에 많은 영향을 주었다. 과학이 계속 진보함에 따라 '이성의 시대Age of Reason'가 표방했던 것들에 대한 급격한 반동으로 낭만주의, 심령주의sprituaism, 직관, 모호성, 그리고 (무엇보다도 지옥과 다른 세계들에 대한 견해를 인습적이라고 비웃는) 새로운 형태의 환상으로 사람들은 옮겨가기 시작한 것이다.

25

19세기의 지옥
The Nineteenth Century

　1815년 6월 18일 나폴레옹 군대가 워털루 전투에서 패배함으로써 4반세기 동안의 정치적 격동이 가라앉았다. 10월에 그는 세인트 헬레나로 유배되었고, 거기서 삶을 마감했다. 타락한 영웅, 부유하는 사탄의 상징으로서 그의 일생은 필연적으로 신화화될 수밖에 없었다. 그는 어디선가 천사(또는 적그리스도)처럼 나타나 타락과 파산의 상태로 피에 물든 프랑스를 인수하여 세계 정복을 향한 공포의 십자군 원정으로 내몰았다.*1)

　프랑스 대혁명은 멀리 미국의 독립이 불러일으킨 것보다 훨씬 큰 충격을 유럽에 주었다. 프랑스 국민을 봉기하게 만든 전제 정치와 부패와 불의는 주변 국가에서도 자유주의자와 개혁주의자들의 분노를 자아냈다. 계몽주의의 선도를 받았던 국민들은, 「인권선언 Declaration of the Rights of Man」(1789)에 공감하며 홍분을 감추지 못했다. 세기의 전환기에 씌어진 시詩들은 가장 진정한 의미의 천년왕국이 오리라는 희망과 홍분으로 가득했다. 프랑스는 지상에 실

현될 하느님 나라를 향해 앞장서 가는 듯했다. 그러나 환멸의 시기가 닥치자 깊은 상처만이 남았다. 살아 있다는 것은 더 이상 축복이 아니었다.

사람들은 19세기의 '시대 정신'에 대해 많은 많은 토론을 벌였다. 존 스튜어트 밀John Stuart Mill도 1830년대에 출판하기 시작한 일련의 사색적 글들에 바로 이 '시대 정신'이라는 제목을 붙였다. 어떤 점에서 19세기는 더할 나위 없이 빠른 속도로 직진했다. 산업이 발달하고, 과학, 탐험, 정복, 무역, 철도사업이 활발이 이루어졌다. 미국의 역사가들이 노골적으로 조롱하며 '악덕 자본가robber barons'라고 불렀던 사람들이 부를 축적했다.

그러나 표면적인 성장의 저변에서 '시대 정신'은 갈피를 잡지 못하고 있었다. 그 이전 18세기의 필로조프(자유사상가)들은 기지, 이성, 학식을 동원해서, 서서히 붕괴하기 시작하던 미신이라는 상부구조와 전제 정치의 유물을 공격했다. 하지만 새 시대에 들어서자 이런 전통이 희미해지고 불확실성이 대두하면서, 이성은 실패했다는 의식이 생겨났다. 19세기의 시대 정신은 형이상학적인 것에 큰 관심을 보이면서 놀라울 정도로 반反지성적인 것이 되었다. 역사가인 피터 게이Peter Gay는 다음과 같이 지적했다. "18세기가 끝나갈 무렵 필로조프들은 게르만적 이데올로기의 압박을 받았다. 그것은 로마 카톨릭과 고대 그리스 그리고 게르만 민중의 여러 관념이 기묘하게 뒤섞인 복합체――일종의 튜턴적 이교 사상이었다." 19세기 말에 이르기까지 이 묘한 복합체에서, 고딕 문학, 낭만주의 문학과 음악이 생겨났고, 환상과 민간전승에 대한 관심이 깊어졌으며, '악마주의diabolism'를 포함하여 수많은 초자연적이고 신비적인 유파들이 싹텄다. 그리고 자기 심리를 성찰하는 세속적인 접근법이 생겨나 훗날의 정신분석으로 연결된다. 또한 19세기 말에는 죽음과 임종에 대한 기호가 병적일 정도로 강렬하게 나타났다. 이런 경향은 15세기 이후 처음 있는 일이었다.

'숭고함sublime'이란 말이 많이 회자되었다. 그것은 우리에게 알프스 산맥의 장관이나 낭만주의 시대의 열렬한 감성을 떠올리게 하는 말이다. 그것은 단순한 미적 질서와 조화의 차원을 넘어서 무한의 혼돈에 이른다. 에드먼드 버크스Edmund Burkes는 1756년에 쓴 에세이에서 "무한성은 우리의 마음에 기분 좋은 경외감을 채워 주곤 한다. 그 경외감은 숭고함의 순수한 결과이자 진실한 척도다."라고 말했다. 이런 정의를 보면, 지옥에 대한 19세기류의 새로운 환상을 가지고 말장난한다는 느낌이 든다.

18세기에는 돈 후안과 파우스트를 유용한 소재로 하는 산문 소설들이 다수 발표되었다. 돈 후안은 사무엘 리차드슨Samuel Richardson의 『클라리사Clarissa』(1748)에서는 '러브레이스Lovelace'라는 인물로, 라클로Choderlos de Laclos의 서간체 소설 『위험한 관계Les Liasions Dangereuses』(1782)에서는 '발몽Valmont'이라는 인물로 분한다. 이 두 소설도 미덕에 대한 예의를 갖추기는 한다(여주인공들은 죽은 뒤 천국에 가기 때문이다). 그러나 전체 구성을 이끌고 독자로 하여금 책장을 계속 넘기게 하는 것은 분명히 악덕이다. 악역을 맡은 귀족 출신의 남자 주인공들이 음모를 꾸며 죄짓는 일에 여념이 없는데도, 이 책들은 그들이 지옥으로 가는 정당한 대가를 치르게 하지 않는다. 뭔가 새로운 기류가 흐르기 시작한 것이다.

당시 가장 악명 높던 악마적인 귀족 사드 후작Marquis de Sade (1740~1814)에게는 악덕 그 자체가 시적 영감이었다. 그는 많은 날들을 감옥과 정신병원에서 보냈는데, 그것은 오히려 그에게 공상할 수 있는 풍부한 시간을 주었다. 그는 '순수한' 성적 쾌락이라는 이름으로, 변태적 강간, 고문, 살인을 다룬 자신의 포르노그래피 『쥐

오브리 비어즐리Auvrey Beardsley가 기획하여 옐로우 북에 실었던 책표지 그림.

스틴Justine』(1791)과 『쥘리엣 이야기Histoire de Juliette』(1796)에 대해서, 그 두 작품은 계몽주의 사상의 합법적 연장선에 있다고 주장했다. 만일 하느님이 없다면, 신에 대한 책임감도 사회계약도 필요 없고, 타인에 대한 성적 가학 행위까지 포함하여 못 할 일이 없으며, 만일 인간이 객체라면(자주 오용되는 용어 '오브제 드 베르튀 Objet de vertu'의 말 그대로의 의미에 따르면 성적 대상sex objects), 도덕성이 주관적 판단에 지나지 않는 이 세상에서 인간의 의지는 아무 쓸모 없는 것이 되고 만다는 것이다.

사드 후작이 끼친 영향은 대단했다. 그는 이전의 모든 작위적인 제한을 넘어서는 선정적이고 외설적인 내용에까지 손을 뻗쳤고, 지옥의 묵시적인 환상이나 경악스러운 순교 이야기, 또는 통속적인 복수극을 뛰어넘는 다른 또 다른 폭력성을 구현하였다. 사드의 작품에는 어떤 도덕성도 보이지 않는다. 오히려 그와 정반대다. 『쥐스틴』에서 하늘은 여주인공이 수도 없이 타락을 거듭하면서도 집요하게 미덕에 집착하는 것에 노해서 그녀를 죽여 버린다. 사드 자신도 후세 작가들의 상상 안에서 지하 영웅이 된다. 낭만주의의 파멸 귀족의 화신이라 할 수 있는 '광기와 악덕의 바이런 경'의 원형이 된 것이다.

고딕 소설은──그 '중세풍' 배경 때문에 그렇게 불린다──사실주의 소설과 거의 같은 시기에 시작되고 같은 보조로 발전했는데, 사실 『클라리사』는 고전적인 고딕 소설에 아주 가깝다. 호레이스 월폴Horace Walpole의 『오트란토의 성The Castle of Otranto』은 고딕 소설로서 돈 후안 주제를 중세적 고딕 양식으로 배경에 삽입하였다. 음산한 분위기의 성, 철커덕거리는 사슬, 폭풍우, 상념에 잠긴 주인공, 학대받는 여주인공, 무시무시한 소리를 내는 심문 도구들은 고딕 소설의 특징인 동시에 수많은 낭만주의 시가와도 깊은 관련을 맺고 있다.

음침한 배경에도 불구하고 고딕 소설이 묘사한 지옥은 생각보다 덜 끔찍했다. 사드 이후에 거의 필연적으로 나타난 현상 같기는 하지만, 고딕 소설 작가들은 지옥을 지상地上에다 재현하기 시작했다. 그들이 독자들을 흥분시키기 위해 공포와 전율(공포horror는 자연적이고 전율terror은 초자연적이라는 미묘한 차이가 있다)을 끌어들인 이유는 독자들을 계도하기 위한 것이 아니라 흥분시키기 위한 것이었다. 혼쭐이 나는 쪽은 언제나 무고한 사람들이고, 벌을 주는 것은 오히려 죄를 범한 사람들이었다.

매튜 그레고리 루이스Matthew Gregory Lewis는 『수도사The Monk』(1789)에서 새디즘적인 고딕 소설을 적나라하게 그려 보이고 있다. 이 소설은 그가 21살이 되기도 전에 썼는데, 이 책 때문에 그는 '수도사' 루이스라는 유명한 별명으로 더 오랫동안 사람들의 기억에 남게 되었다. 사드는 이 작품을 걸작이라고 보았고, 바이런도 거기에 동의했다. 그러나 많은 사람들이 이 작품을 "젊은이들에게 독이 되고, 방탕을 조장한다."고 생각하였다. 루이스는 부패한 대수도원장을 통해서 로마 카톨릭을 강간, 향락, 머리가 쭈뼛할 정도의 폭력과 연결한다. 루시퍼가 종국에 가서는 죄 많은 수도승을 찢어서 죽이지만, 실제로 지옥 장면이 나오는 것은 아니다. 그러나 밀실 공포증, 감금, 고문, 지하의 음침한 분위기 등은 굳이 지옥이라는 이름을 말하지 않고서도 지옥의 분위기를 충분히 제공한다. 그리고 루이스가 묘사한 인물 중에서 희생당하지 않는 사람들은 전적으로 사악하게 행동하는 자들이다 —— 요녀 마틸다Matilda는 바로 악마 그 자체다.

지상地上의 지옥을 다루는 이러한 경향은 찰스 로버트 매튜린 Charles Robert Maturin의 『유랑자 멜모트Melmoth the Wanderer』

(1820)에서 훨씬 명확하게 나타난다. 타락과 절망, 퇴폐가 점점 더 심해지는 암울한 세계를 무대로, 악마와의 계약을 주제로 하는 파우스트적 에피소드가 묘사되고 있지만, 여기에서도 역시 지옥 장면은 없다. 또한 포우E. A. Poe의 어떤 작품에서도 지옥 장면을 찾아볼 수 없다. 빅토르 위고Victor Hugo의 『노트르담의 꼽추Notre Dame de Paris』(1831)에서는 이상하게 생긴 기형의 거지들이 군집해 있는 어두운 지하 왕국이 일종의 현세적 지옥을 상징하고 있지만, 꼽추 카지모도Quasimodo는 일종의 천사로 묘사된다. 심리적 기괴함이 점차 수용되는 시대에 예전의 초자연적 요소는 쓸모 없는 것이 되었다. 이러한 것들을 단호하게 그리고 경멸적으로 거부한 바이런은 『맨프레드Manfred』에서 이 장르를 총괄하는 당당한 태도를 보여 주었다.

26

괴테의 파우스트
Goethe's Faust

독일의 위대한 시인 괴테Johann Wolfgang von Goethe(1749~1832)
는 역사적으로 어떤 위치에 놓여 있는가? 그는 장수하면서 다양한
작품을 남겼다. 18세기 고전주의classicism에서 시작하여, (실상은 자
신이 조직했으나 나중에는 등을 돌렸던) 독일의 '스트룸 운트 드랑'
시대1), 프랑스 대혁명과 나폴레옹 전쟁(괴테는 나폴레옹을 만났고,
더 나아가서는 그를 승인했다)의 시기, 그 뒤의 고딕 낭만주의, 빅
토리아 양식, 현대의 환상적 경험주의에 이르기까지, 괴테는 자신이
살던 시대에 등장한 모든 창조적 문학 사조와 관계를 맺었다. 여기
서 우리가 논의할 대작 『파우스트』는 그가 60여 년에 걸쳐서 쓰고
개작한 작품이다. 19세기 낭만주의 오페라는 이 희곡의 제1부에서
영감을 얻었고*2), 20세기 문학은 말하자면 그 혈통 전체가 (괴테의
요청으로 그가 죽은 뒤에 출판된) 『파우스트』 제2부에서 엄청난 영
향을 받았다.

괴테는 프랑크푸르트에서 법률가의 아들로 태어났다. 처음에는

라이프치히에서 법률을 공부했지만, 병을 앓은 뒤에 스트라스부르 Strasbourg로 옮겨 1771년 학위를 받았다. 그는 미술, 건축, 의학, 자연과학(그는 다윈의 진화론을 예견하고 있었다)과, 특별히 스피노자를 동경하면서 철학에 관심을 두었고, 스베덴보리 신봉자들을 비롯한 비의적秘儀的 신비주의에 흥미가 있었으며, 특히 여자에 관심이 많았다. 그는 10대 초반부터 죽을 때까지 수없이 많은 여성들과 사랑을 나누었지만, 자신에게 아들을 낳아 준 여종과 딱 한 번——그것도 편의상——결혼했을 뿐이다.

스트룸 운트 드랑('질풍노도')은 18세기 연극무대를 장악하고 있던 프랑스 극작가 코르네이유Corneille와 라신Racine의 고전 비극에 반기를 든 의식적 운동이었다. 이 운동의 놀랄 만한 첫번째 성공작은 짝사랑을 그린 괴테의 소설『젊은 베르테르의 슬픔The Sorrows of Young Werther』(1774)이었다. 이 작품 때문에 사랑을 이루지 못한 젊은 사람들의 자살이 유럽 전역에 유행했다. 이 작품은 또한 문화 후진국이던 독일을 문학지도 위로 끌어 올렸으며, 또 바이마르 공국의 젊은 군주 카를 아우구스투스Charles Augustus 공을 매혹시켰다. 아우구스투스 공은 저자인 괴테를 초청해서 처음 만나본 뒤 그를 장관으로 임명했다. 괴테는 그곳 바이마르 영지에서 여생을 보내면서, 농업, 광물학, 자연과학에 전념했고, 궁정 극장의 감독으로 20여 년 동안 봉직했다.

이 기간 동안에도 그는 집필 작업을 계속했다. 대부분은 극장 상연을 위한 것이었고, 인기를 끌었던 두 편의 소설『빌헬름 마이스터의 수업Wilhelm Meisters Lehrjahre』(1796)과 『친화력Wahlverwandtschaften』(1809)도 이때 쓴 것이다. 그러나 괴테가 필생의 노고를 바친 걸작은 바로 『파우스트』다.

아직 바이마르로 가기 전인 20대 초반에, 괴테는 『파우스트』 제1

부의 기본 플롯을 구상하고 있었다 —— 파우스트가 메피스토펠레스 Mephistopheles의 사주를 받고 순진한 처녀 그레트헨Gretchen을 유혹했다가 저버린다는 내용이다. 괴테는 말로우의 희곡을 읽은 적이 없지만, 장터 인형극『파우스투스 박사』와『돈 후안』의 내용을 잘 알고 있었기 때문에, 그것들의 플롯을 적절하게 변형하여 결합했다. 1790년 그는『단편 파우스트Faust; A fragment』를 발간했고, 대단한 찬사를 받았다. 1808년『파우스트』제1부를 완전한 형태로 출판하였고, 이것은 뒤이어 나온 오페라와 연극의 원작이 되었다. 20년 후에는「헬레나Helena」를 출판했는데, 이것은 제2부에 포함된 완결된 하나의 장이며, 바이런을 추모하는 단편 하나가 실려 있다.3) 제2부 전체를 탈고하고 봉인한 것은 그가 죽기 직전이었다.

엄밀히 말하면『파우스트』에는 지하세계를 그린 장면이 없다. 단지 제2부에서 괴테는 주인공을 지하세계로 보내려는 구상을 해 보았을 뿐이다. 그것은 파우스트가 헬레나에게 청혼하기 위해서 저승여왕 프로세르피나의 궁전으로 내려가려고 하는 장면인데, 문제는 그러한 시도가 괴테가 구상한 기독교적 결말과 어울리지 않는다는 점이었다. 그래서 대신「고전적인 발푸르기스의 밤」4)의 장章에 하데스의 여자 요괴들을 불러내고, 그녀들의 출현에 당황해하면서도 매혹되어 버린 고딕적 악마 메피스토펠레스로 하여금 그 요괴들과 춤을 추게 했다. 이것은 제1부에 나오는 마녀들의 비밀 회의 장면에 견줄 만큼 훌륭한 풍자적 장면이었다.

괴테가 맺은 결말은 지식인 독자들을 당혹스럽게 하는 면이 있었다. 괴테는 제1부 초판에서 크레트헨을 카톨릭 신자로 그리지만, 사실상 그녀는 범상한 여인일 뿐이었고, 파우스트는 굳이 뭐라고 이름 붙여야 한다면, 괴테처럼 단지 신비주의자occultist였을 뿐이다. 서곡에는 하느님과 악마의 내기 장면이 나온다. 구약성서의「욥기」

를 연상시키는 이 장면은 하느님(또는 괴테)이 마지막에는 파우스트를 구원할 것임을 암시한다.[5] 고전적 스타일에서 밀턴의 문체까지 여러 문학 양식을 구사하여 써 내려간 제2부는 지적 아이러니와 환상을 보여 준 뒤 파격적 결말을 맺는다. 결단의 순간에 전통적인 악마들이 지옥의 입에서 튀어나와 파우스트를 데려갈 양으로 무대 한 편에 포진한다. 하지만 이때 하늘에서 아름다운 어린 천사들 putti and amoretti[6]의 무리, 천상의 성가대, 성모聖母가 등장하여 무대의 또 한 편을 차지해서 빅토리아 시대 연극에나 어울릴 장면을 연출한다. 이것은 기적극을 네오 바로크식으로 패러디한 것처럼 보인다.[7] '영원한 여성' 그레트헨이 구원받을 자격이 없는 파우스트의 구원을 중재한다.[8] 메피스토펠레스는 어린 천사들의 발가벗은 엉덩이를 보고 욕정을 품었다가 구원의 날을 놓치고 만다. 괴테가 그 작품을 봉인해 두기로 결심한 이유도 수긍할 수 있다. 괴테가 생전에 이 작품을 발표했더라면, 독자들을 펄쩍 뛰게 만들 이 결말부를 놓고 떠들썩한 논쟁이 벌어졌을 것이고, 괴테 자신도 거기에 휘말릴 수밖에 없었기 때문이다. 하지만 상상력이 부족한 카톨릭 옹호자라면 그러한 결말부에 대해 그다지 동요하지 않고, 그 결말은 늙은 괴테가 죽음을 앞두고 개심했음을 보여 주는 증거라고 주장했을지도 모른다.

27

낭만파
The Romantics

르네상스는 재발견한 그리스·로마 신화를 한껏 즐겼고, 밀턴은 기독교 신화를 확장했다. 이신론자들은 과학을 신화로 만들었으며, 계몽주의자들은 모든 종류의 신화화를 타파하려고 했다. 낭만주의 작가들은 과거에 반항하여 새롭고 통합적인 신화를 만들어 냈다. 이는 과거의 신화들을 불신하고 뒤엎는 것이었다. 19세기가 진행함에 따라 그런 새로운 신화들은 점점 합리성을 잃고 신비적 환상적 색채를 띠게 되었다(그렇지만 아주 독창적이지도 못했다). 그리고 점점 더 인위적 환상, 즉 마약에 의존하면서 자의적으로 퇴폐에 빠져들었다. 이러한 관점이 유럽 전역으로 확산되면서 공식적으로 '대항문화counterculture'라는 이름을 갖게 되었다.

이러한 급진적 시각의 확산은 19세기 초, 블레이크William Blake(1757~1827)의 글과 그림에 잘 나타나 있다. 어떤 면에서 그의 작품은 미래의 축도라 할 수 있다. 런던에서 양품점을 하던 양말 제조업자의 아들로 태어난 블레이크는 소년 시절 판화가의 견습생으로

일을 배웠다. 21세에 독립해서 가게를 연 후 아내 캐서린Catherine
과 함께 평생 판화 상점을 운영하면서 생계를 유지했다.*1) 그는 고
등교육을 받지는 못했지만 대단한 독서가였다. 그의 신학 이론은
스스로 만들어낸 것이었지만, 블레이크는 깊이 있는 종교가이자 환
상가였다고 할 수 있다. 일련의 복잡한 서사시들을 통해 블레이크
는 그리스·로마 신화, 기독교 신화, 밀턴과 스베덴보리의 신화, 심
지어는 단테의 신화 체계까지 자신의 것으로 바꾸어 놓았다.

　이런 체계적인 시들은 블레이크 생전에는 별로 알려지지 않았다.
심지어 오늘날까지도 그의 명성을 유지해 주는 것은 아름답고 간결
한 몇 편의 서정시들, 그리고 시간이 흐름에 따라 점점 더 그 심오
함을 인정받는 수백 편의 독특한 그림과 삽화들2)이다. 하지만 그
시대를 정의한다고 볼 수 있는 모든 사건에 블레이크가 민감하게
반응했다는 점에서, 그는 자기 시대의 리트머스 시험지였다. 그는
역사의 흐름에 따라 때로는 환희하고 때로는 절망하면서 미국 독립
전쟁과 프랑스 대혁명에 대해 묵시적 시들을 썼다. 한편, 반 세기
동안 가장 중요한 시로 꼽혔던『실락원Paradise Lost』에 대해 자신이
직접 쓴『밀턴』으로 대응했고, 스베덴보리에 대해서는『천국과 지
옥의 결혼The Marriage of Heaven and Hell』을 써서 자신의 생각을
밝혔다. 그는 그 시대의 비의적, 신비적 혼란을 반영하고 있는 것이
다. 또한 그의 시는 우리에게 처음으로 산업혁명의 부정적 측면을
바라보게 해 준다. 「런던」과 「예루살렘」에서 도시의 빈민굴은 소외
된 계층의 지옥으로 그려진다. 그러한 이미지들은 후대 시인들이
너무 자주 차용하는 바람에 진부한 표현이 되어 버렸지만, 블레이
크가 갖는 힘은 사라지지 않았다. 구약성서의 예언자처럼, 그는 그
가 살았던 시대의 위선과 냉혹함을 통렬히 비난했다. 그리고 그의
서사시에서 우리는 처음으로 사탄이 억압적 폭군에 대항하는 영웅

으로 등장하는 것을 볼 수 있다. 절정에 이른 낭만주의 시가에서도 이처럼 강렬한 주제는 없었다.

블레이크의 우의寓意 체계는 그의 상징들과 그 상징들이 나타내는 바가 유동적이기 때문에 참고 서적의 도움을 받아도 판독하기 어렵다. 하지만 블레이크가 악마적 형상들을 긍정적으로 제시한다는 사실은 염두에 두어야 한다. 그는 악마적인 자들을 시의 천재 또는 시의 귀재와 동일시한다. 니체Nietzsche라면 이것을 고전미의 질서 위에 선 아폴론의 힘에 대립하는, 장엄한 혼돈에 싸인 디오뉘소스의 힘이라고 표현했을 것이다. 블레이크가 밀턴에 대해 "진정한 시인은 악마의 편에 선다."라고 한 말이 의미하는 것도 이것이다.

후에 등장한 어떤 시인도 블레이크의 시만큼 복합적인 신화를 써 내지 못했다. 단지 기억할 만한 것은 셸리Percy Bysshe Shelley(1792~1822)가 쓴 『사슬에서 풀려난 프로메테우스Prometheus Unbound』라는 작품에서도 제우스가 억압적 폭군으로 등장한다는 점이다. 제우스는 영지주의에서 말하는 "만물을 그릇되게 창조한" 데미우르고스Demiurge로서, 새로운 천국과 새로운 지상의 천년왕국을 건설하기 위해서는 반드시 타도되어야 할 대상이다. 그러한 제우스에 대항하는 자가 바로 사슬에 묶여 고통받는 거인 프로메테우스다. 셸리는 자기 시의 서문에서 직접적으로 또 호의적으로 프로메테우스를 밀턴이 말하는 사탄의 위치로 끌어올린다. 왜냐하면 프로메테우스는 야심, 질투, 복수심, 자기 과시욕 등의 오점을 벗어났다고 할 수 있는 영웅이기 때문이다. 프로메테우스가 카우카소스 산 꼭대기에서 움직일 수 없다는 것이 하강의 모티프를 풀어가기 어렵게 했지만, 셸리는 프로메테우스의 정신의 화신인 아시아Asia를 '무덤 아래'에 있는 저 세상, 심부Deep로 내려 보내는 형태로 해결한다. 나중에 아시아는 그곳에서 "무시무시하고 기이하고 장엄하고 아름다운 형체들” 가운데 이름모를 세계의 신과 권력자들, 정령들, 영웅과 야수들 그리고 “거대한 암흑, 데모고르곤Demogorgon”을 보게 된다.

그 심부는 지옥도 아니고 하데스도 아니다. 셸리는 그곳을 제우스와 푸리아이(복수의 세 여신)와 연결짓는다(이것은 사도邪道에 떨어진 기독교 또는 세속과 결탁해 확립한 교회의 권위를 상징하는 것으로 해석할 수 있다). 암흑의 마왕 데모고르곤은 거대하고 어두운 무정형의 존재이며, 셸리는 이것을 아직 조직화되지 못한 불분명한 민중의 힘과 동일시한다. 제우스는 마침내 타도되어, 기독교의 (또는 플라톤의) 지옥으로 떨어진다. 이 부분은 그리스 비극과 중세의 성사극을 동시에 연상시킨다.

> 지옥을 열게 하라,
> 거대하고 광폭한 불의 바다를 열게 하라
> 그것들을 바닥 없는 심연 속으로 내리 눌러라
> ……
> 아! 아!
> 사대四大3)가 나를 거역하니
> 나는 아찔히 가라앉는다 —— 바닥으로 영원히.
> 그리고 구름처럼 내 위에 있는 적은
> 환호하며 내 추락을 암울하게 한다. 아! 아!

땅과 달과 정령들은 위대한 사랑의 승리를 찬미하고, 이제 새로운 정체성을 얻은 데모고르곤도 하늘의 압제에서 벗어나 자유를 얻은 것을 축복한다.

존 키이츠John Keats(1795~1821)는 태양신의 자리를 아폴론에게 빼앗긴 휘페리온을 그의 거인Titan으로 선택한다. 신화를 소재로 한 그의 첫번째 시 「휘페리온Hyperion」은 셸리의 작품과 마찬가지로 기술적 문제에 부딪친다. 다시 말해, 지하세계 타르타로스Tartarus 로 몰락한 거인들이 슬픔과 우울함으로 무력해져서—— 문자 그대로 거의 돌처럼 굳어져서—— 아무런 활동도 하지 못한다는 것이다. 키이츠는 두 번째 설화시 「휘페리온의 추락The Fall of Hyperion」에서 자기 자신이 꿈 속에서 지하세계로 내려감으로써(그는 단테를 읽었다) 그 거인들을 움직이게 했다. 그가 연옥의 계단 같은 것 앞에 서자, 여자 거인 모네타Moneta가 그에게 계단을 오르라고 명령한다. 두려움에 떨면서 명령에 복종하는 그는 얼음과 같은 냉기로 고통스러워하며 비명을 지른다. 모네타는 죽는다는 것이 무엇인지 지금 배운 것이라고 그에게 말해 준다. 그 다음으로 그는 타르타로스를 본다. 그의 시적 자아는 휘페리온의 후계자, 즉 태양의 신이면서 동시에 시의 신인 아폴론으로 다시 태어나기 위해 고통과 죽음을 겪어야 하고, 지옥을 정복해야 한다.

이 시는 비록 완결되지 못했지만, 창조의 야망에 대한 은유로 사용된 하강의 모티프 그리고 이전 시대의 거장들 또는 아버지와도 같은 인물들과 벌이는 예술적 투쟁을 다룬 매력적인 초기 작품으로 남아 있다. 19세기라는 시대는 그 시대 전체가 프로이트를 기다리고 있었던 것처럼 보이기도 한다.

동시대를 살았던 조지 고든 바이런 경George Gordon, Lord Byron (1788~1824)은 그가 쓴 작품뿐 아니라 실제로 그가 체현한 낭만파의 사악한 영웅의 삶 때문에 낭만파 시의 중심 인물로 널리 인정받았다. 바이런은 오랫동안 기이한 행동으로 세인의 주목을 받았다. 그는 이복 누이와 벌인 근친상간 추문으로 명성을 떨어뜨렸다. 가정에서의 가학적 행동 때문에 파탄에 이른 결혼 생활, 줄이은 성적 스캔들 때문에 그는 영국을 떠나야만 했다. 그는 『맨프레드Manfred』

를 출판함으로써, 망명 생활에 냉소적으로 반응했다. 이 시는 근친 상간에 빠져든 갱생불능의 '사탄적인' 귀족 또는 참으로 바이런적 인 귀족에 관한 파우스트류의 드라마다. 맨프레드는 하느님에게도, 악마(여기서는 아리마네스Arimanes라고 불린다)에게도 복종을 거부 한다. 마침내 그는 지옥으로 가는 것을 거부하면서 자신을 끌고 가 기 위해 찾아온 악마들에게, 주인이 주제넘은 종복에게 호통치듯이 추상 같은 기세로 호령한다.

> 네 지옥으로 돌아가라!
> 너는 나를 어찌할 힘이 없다, 내 그것을 느낀다.
> 너는 나를 결코 점유할 수 없다, 내 그것을 안다.
> 이미 저지른 일은 어쩔 수 없는 것, 나는 비록
> 고통받고 있지만, 그것은 네게서 얻은 것이 아니다.
> 영생불멸의 정신은 선하고 악한
> 생각에 스스로 보답해 준다 ──
> 그 스스로가 악과 종말의 근원이며 ──
> 그 자신이 공간이며 시간이다……
>
> 너는 나를 유혹하지 않았고 유혹할 수도 없었다
> 나는 네게 속아 넘어가는 사람도, 네 전리품도 아니었다 ──
> 나를 파괴할 수 있는 자는 과거에도 미래에도
> 나 자신 뿐이다 ── 돌아가라, 너 실패한 마귀여!
> 죽음은 내게 달린 것, 너에게 달린 것이 아니다!

여기서 바이런은 영국의 부르주아 사회 체제에 대한 경멸을 '실 패한 마귀들'이라는 말로 표현했으며, 그러한 공격은 더할 나위 없이 성공적이었다. 전혀 아이러닉하지 않다고 할 수는 없지만, 그는 자신의 악명 높은 이미지를 철저히 이용하면서, 스스로를 억압에 맞서 프로메테우스처럼 반란을 일으킨 고독한 영웅으로, 추방당한 예술가로, 모든 여성이 사모한 비운의 돈 후안으로, 오만하면서도 기이한 고딕적 반영웅anti-hero으로 표현했다. 사람들은 먼저 그의 행동을 샀고, 그 다음에 그의 책을 샀다. 괴테는 바이런을 오이포리 온Euphorion, 다시 말해 '시의 정령'이라 부르며 칭송하며, 미솔롱기 Missolonghi에서 '시인다운' 최후를 마친 바이런을 기리는 애가를 『파우스트』(제2부)에 삽입했다. 또 괴테가 메피스토펠레스를 볼품 없는 외발로 묘사한 것은 바이런의 그 유명한 기형발을 염두에 두 었기 때문이기도 하다.

바이런은 또, 악마 이야기가 나오는 시 「가인Cain」에서 루시퍼를 바이런적 영웅으로 그리고 있다. 여기 나오는 지옥은 그 시대와 바 이런 자신의 또 다른 면을 보여 준다는 점에서 흥미롭다. 바이런은 뷔퐁Buffon과 다윈 사이에 교량 역할을 하는 인물인 프랑스의 지질 학자이자 고생물학자, 퀴비에 남작Baron George Cuvier의 책을 읽고 있었다. 남작은 오늘날도 흔히 이야기하는 바와 같이, 아주 오래 전 에 어떤 재해 또는 잇따른 재해가 거대한 뼈를 가진 피조물들을 멸 종하게 했다는 결론을 내렸는데, 19세기의 화석 수집가들은 그 뼈 들을 지속적으로 수집했다. 바이런은 "그때 지구상에 있었던 거인 들"에 대한 성서의 설명들을, "맘모스만큼이나 힘이 세고 인간보다 지능이 더 발달했던 이성적 존재들"의 뼈에 대해 서술하는 시적 허 구를 구상하는 데에 이용했다. 그는 그 멸종한 존재의 영혼들과 함 께, 공상과학적인 하데스가 우주의 어느 곳인가에 있다고 가정했다. 영화 『수퍼맨』에서 수퍼맨이 로이스 레인Lois Lane을 메트로폴리스 위로 데려가듯이, 루시퍼는 가인을 정령들의 세계로 데려간다. 가인은 황홀하면서도 두려워 묻는다.

오! 출렁이는 그림자와 거대한 형상으로 된
너 끝없는 어두움의 세계여.
모두 거대한 우울함에 둘러싸여 있다 —— 너 무엇이냐?
살아 있느냐, 살아 있었더냐?

루시퍼는 양쪽 다 어느 정도 맞다고 대답한다. 그리고 “아름답고
강력했던” 과거 한때의 모습으로 인도한다.

지적이고 선하며 위대하고 영광스런 존재,
그대의 아버지 아담이
에덴에 머물러 있었을 때보다 더 뛰어나도다.
육만 세대 이후의 그대 자손이
그대와 그대의 아들보다
훨씬 무디고 침체되고 퇴화해 가리라.
그들이 얼마나 허약한지
그대 자신의 육체를 보고 판단하라.

거대한 짐승들은 ‘대양의 환영’ 너머에 있다.

저 거대한 뱀,
심연에서 솟아나와
그 늘어진 갈기와 거대한 머리를
도도한 삼목보다 열 배나 높이 곧추 세우고,
얼마 전 보았던

천체를 감싸듯이 사리를 틀며 보고 있다.
에덴의 나무 아래서 햇빛을 쪼이던
바로 그 놈이 아니던가?

브론토사우루스(뇌룡)가 에덴의 뱀으로 등장하는 것이다!

(또다시) 근친상간이라는 주제 그리고 의식적으로 맹목적인 교리에 대한 불복종(여호와에게 순종하지 않은 가인)을 찬양함으로써, 바이런의 시에는 신성모독이라는 낙인이 찍혔다. 그것은 분명히 바이런이 의도한 것이었다. 그의 메시지 또한 분명했다. 지식과 사랑은 소유할 만한 가치가 있다는 것을 명백히 설파하면서, 그것을 금하는 하느님(또는 국가)이야말로 악이라고 불려 마땅하다는 것이다.

바이런과 셸리는 이탈리아에서 마약에 손을 댔는지도 모른다. 그러나 19세기의 시인들은 손을 대는 데 그치지 않고, 그것을 통해 아주 자연스럽게 지옥을 경험하는 데까지 나아갔다. 비록 세기 초에 콜리지Samuel Taylor Coleridge(1772~1834)와 드 퀸시Thomas De Quincey(1785~1859)가 신경안정을 위한 '진통제' 또는 아편을 복용하기 시작했을 때, 아직 마약중독이라는 의학적 개념은 정립되지 않았지만, 19세기 초에 이미 그들은 파우스트식의 흥정, 즉 마술적 세계에 들어 가려면 대가를 치러야 한다는 것을 이해하고 있었다.

환각체험visions을 얻으려면 언제나 대가가 필요했다. 어떤 사람들은 그것을 기꺼이 감내할 준비가 되어 있었다. 중세 시대에는 신비 체험을 위해 장시간의 기도, 단식, 채찍질, 발열, 인위적 불면 등의 대가를 치렀다. 한편, 밀에 기생하는 독성 균류인 맥각과 같이 자연적으로 생기는 환각물질을 섭취했다고 생각하는 사람도 있다. 블레이크나 보쉬처럼 약물의 도움 없이 저절로 환각을 체험하는 사람들도 있었다. 그런데 산업 사회에서는 마약을 쉽게 구할 수 있었으므로, 인공적인 환각 상태에 빠져들기가 쉬웠다. 마음의 저 반대편에서 발견한 놀라운 신세계, 이곳은 황홀하게 빛나고, 중독될 만큼 뇌쇄적이며, 위험할 정도로 '시적인' 우의적 지옥이었다.

마약복용으로 인한 체험들은, 흔히 피안으로 여행하는 것 같은 형태를 취할 때가 많기 때문에 20세기 후반의 환각 체험자들은 그것을 흔히 '소풍trips'이라고 불렀다. 그 좋은 본보기가 콜리지의 『늙은 선원의 노래』⁴⁾다. 항해하던 배가 웬지 부자연스러워 보이는 열대의 태양 아래서 갑자기 잠잠해진 기묘한 빛의 물에 둘러싸인다. 그곳은 "꾸물거리는 수천의 생물들"과 원혼들로 가득하다. "죽음"과 "악몽 같은 죽음의 생명체"가 탄 유령선이 나타나고, 선원들이 하나씩 쓰러져 죽고, 마침내 그 늙은 선원만 남고 물은 다 말라버린다. 그는 (알바트로스 한 마리를 죽인) 자신의 죄로 7일 밤낮을 고생하다가 무력해진 채 차라리 죽기를 갈망한다. 그러다 무심코 달빛 속에서 그가 경멸했던 "꾸물거리는 생물들"을 내려다 보다가 달빛 속에서 그들의 "아름다운 자태"를 발견한다. 그의 마음에서 물뱀에 대한 사랑이 용솟음쳐 나오기 시작할 때——낭만주의적 반전의 또 다른 예다——비로소 음산한 적막이 깨지고 비가 내리기 시작한다. 때마침 불어오는 바람에 배는 죽은 선원들의 몸에 깃든 천사들을 태우고 현실 세계로 돌아간다.

『늙은 선원의 노래』는 콜리지 자신이 (번듯한) 주석을 달았음에도 불구하고, 많은 부분에서 의미가 통하지 않는다. 그러나 의미란 외적 범주에서 볼 때 작품의 모든 것을 결정하는 것도 아니고, 어떤 작품도 그것을 완벽하게 조정할 수는 없다. 그렇다고 해서 마약으로 얻은 환상여행의 의미가 완전히 엉터리라는 말도 아니다. 『늙은 선원의 노래』와, 그 밖에 환상적이고 초자연적인 주제를 다룬 그의

귀스타브 도레가 그린 『늙은 선원의 노래』 삽화.

다른 단편들, 예를 들어 「크리스타벨Christabel」과 「쿠블라 칸Kubla Khan」은 ── 콜리지는 이 작품을 마약의 도움으로 썼다는 것을 시인했다 ── 지금까지도 호소력을 잃지 않고 있다.

프랑스의 낭만주의자들도 영국 낭만주의자들처럼 밀턴의 사탄에 대항했다. 그러나 그들 중에는 나폴레옹도 끼어 있었고, 그들의 모반은 별 성과를 거두지 못했다. 샤토브리앙Chateaubriand은 지옥의 무대를 북아메리카로 옮겨 놓았고(「나체즈 족Les Natchez」, 1826), 빅토르 위고Victor Hugo는 사탄을 저주에서 풀어 주려는 의도로, 미완성 3부작을 썼다. 한편 프랑스의 젊은 시인들은 압생트5)와 함께 대마와 아편을 벌레 먹은 나무에서 채취한 중독성의 약물에 ── 환각과 환청을 일으키며 뇌에 치명적 손상을 줄 수도 있다 ── 적셔 삼키면서 그들 자신의 행보를 취했다. 보들레르Charles Baudelaire (1821∼1867)는 고질병이었던 매독 때문에 40세가 되기도 전에 거의 정신착란증에 빠질 지경이었다. 스베덴보리를 신봉했고 바이런과 포우에 경도되었던 보들레르는 자신의 첫 시집 제목을 『악의 꽃 Les Fleurs du Mal』(1857)이라 이름 붙였다. 거기에 수록한 시들은 어떤 식으로든 거의 모두 사탄, 지옥의 거주자들, 시체, 흡혈귀를 얘기하고, 적어도 불길하고 어두운 어떤 것들에 대해 언급한다. 보들레르는 그런 것들에 전적으로 공감하지는 않았지만 그 황홀함에 매료되었던 듯하다. 다소 아이러닉하지만, 그는 마약의 도움으로 지옥을 배회하기로 했다. 마약은 그를 몰락시켰다. 마약복용은 최악의 경우 칙칙한 세계를 경험하게 할 뿐이었고, 최선의 경우 그가 거부했던 여호와에 도전할 수 있게 해 주었다. 이 시는 선과 악이 교차하는 "차갑고 불길한 아름다움"을 완벽하게 표현한다. 이 시집 때문에 보들레르는 풍기 문란죄로 기소되었고, 법정은 그 중 여섯 편의 시를 삭제하라고 판결했다. 하지만 이 시집은 시대의 산물이었기 때문에 그 인기는 쉽게 사그러들지 않았다.

랭보Arthur Rimbaud(1854~1891)는 보들레르의 추종자로서, 매독으로 고통받았다는 점에서까지 비슷한, 이른바 '저주받은 시인poète maudit'이었다. 그는 16세 때부터 19세가 될 때까지 아주 짧은 기간 동안 시를 썼을 뿐이지만, 실제로 그 역시 마약을 복용했던 것으로 알려져 있다. 그러나 그의 시 「지옥에서 보낸 한철Une Saison en Enfer」에서는 마약에 대한 이야기보다 마약에 중독되었던 제3의 시인 폴 베를렌6)과의 애정행각에 대해서 더 많은 얘기를 하고 있다. 여하튼 랭보는 환각체험trip 시 중에서는 아마 가장 유명하다고 할 만한 「명정선酩酊船Le Bateau Ivre」이라는 시를 썼다. 여기서 랭보는 환각적인 신세계의 강을 항해하는 험난한 과정을 묘사하고 있다. 시에서 그는 토사물로 얼룩진 자신의 육신인 배boat를 주체하지 못하고 마약과 술에 의지해 더 깊은 환각에 빠져, 더 빠른 속도로 그 강을 떠내려가다 이윽고 은하수에 이른다. 기이함과 추억으로 점철된 보쉬의 그림 같은 풍경이 ── "환상의 플로리다"와 같이 ── 주마등처럼 지나가는데, 그 체험은 공포에 들뜨게 하면서 동시에 무한한 장엄함을 일으킨다. 랭보는 지옥을 증오하면서도 사랑한다.

영혼 깊은 곳으로의 환상여행을 위해 반드시 마약이 필요했던 것은 아니지만, 마치 그런 것처럼 되었다. 멜빌Herman Melville은 자신의 초기 해양소설들을 솔직하고 밝은 어조로 쓰다가, 『백경 Moby-Dick』에 이르러서는 그 우의적이고 환상적인 긴 항해에 독특하고 환각적인 문체를 사용하였다. 그런데 항해 이야기에는 이런 식의 문체가 자연스럽게 어울리는 것처럼 보였다. 우리는 또, 거칠면서도 번득이는 데가 있는 크레인Hart Crane의 20세기 환상여행 소설을 상기해 볼 수 있다. 한편, 자기 자신은 마약과 거의 관련이 없으면서도 「C 문자의 코미디언The Comedian as the Letter C」 같은

작품에서 환상여행이란 장르를 우아하게 패러디한 시인 스티븐스 Wallace Stevens가 있다.*7)

마약은 후기 빅토리아 시대의 신비주의, 특히 윌리엄 B. 예이츠 William Butler Yeats, 스윈번Algernon Swinburne(그의 시에서는 일종의 지상 지옥에 대한 에로틱한 새도매저키즘을 극단적으로 그리고 있다), 그리고 와일드8)를 회원으로 하는 '황금새벽의 연금술사회 Hermetic Order of the Golden Dawn' 같은 악마신앙 회합과 밀접한 관계가 있었다. (예이츠는 평생 신비주의 신봉자였고, '악마는 반전된 신의 모습Demon Est Deus Inversus'이라는 '영적' 이름이 있었다.) 그들의 악마적 작품 성향은 세기말fin de siècle의 '진홍빛 연기' 속에서 멋지게 피어났는데, 때로는 오브리 비어즐리9)의 삽화처럼 아이러니를 가미하기도 했다.

빅토리아 시대의 마약과 관련한 시 중에서도 크리스티나 로세티10)의 「악귀 시장Goblin Market」(1862)은 가장 기이하다. 그녀는 시인이면서 예술가인 그녀의 오빠, 단테 가브리엘 로세티11)가 주도한 런던의 예술 동맹12)과 연관을 맺고 있었지만, 직접적인 마약경험이 있었던 것 같지는 않다. 그런데 그녀는 왜 로라를 '고양이 얼굴'과 '쥐 얼굴'을 하고서 이상한 열매를 가지고 그녀를 유혹하는 악귀들 속에 머물게 했을까? 가엾은 로라는 곧 마약에 중독되고, 악귀들이 그녀에게서 사라지자 고통에 겨워 비참하게 몸부림친다. 착한 리지는 여동생의 아픔을 두고 볼 수가 없어서, 악귀들을 찾아간다. 악귀들은 자신들의 진정한 본성을 적나라하게 드러낸다.

그들의 소리는 크게 울리고
모습은 흉칙하다.
난폭하게 꼬리를 움직이면서

 로렌스 하우스만 Laurence Houseman이 그린 『악귀 시장』의 삽화.

그녀를 짓밟고 밀치며

팔꿈치로 떠밀고

발톱으로 할퀴며

짖어대고 울부짖고 신음하고 조롱하면서

그녀의 옷을 찢고 양말을 더럽히고

머리채를 잡아채고

그녀의 부드러운 발을 짓밟는다.

그녀의 손을 붙들고 자기네 과실로 즙을 내어

먹으라며 그녀의 입 속에 넣으려 한다.

이 장면은 『오르페오 경Sir Orfeo』이라는 중세 성사극을 변형한
장면이다. 하지만 새롭고 낯선 장면이 나온다. 용감한 리지는 악귀
들의 과즙을 맛보지 않고, 그것을 온몸에 뒤집어 쓴 채 로라에게 돌
아와 외친다.

"보고 싶었지?

와서 입맞추렴.

내 상처는 신경쓰지 마,

껴안고 입맞추고 빨아먹으렴,

널 위해 악귀들에게서 과즙을 짜 왔어,

악귀의 과육과 악귀의 이슬을.

나를 먹고 마시고 사랑해 주렴.

로라, 나는 리지야."

로라는 그녀에게 달려든다. "학질에 걸린 듯 두려움과 고통에 떨
면서, 로라는 굶주린 입으로 리지를 맹렬히 핥아댄다." 웬일인지 과

즙이 쓰게 느껴졌지만 로라는 멈출 수가 없었다. 다행히 리지의 덕
성이 자기 몸에 묻은 과즙을 해독제로 변하게 했기 때문에, 이윽고
로라는 '피 속의 독'에서 해방된다. 자매의 우애에 대한 따뜻한 교
훈, 그리고 미묘한 뉘앙스에 대한 빅토리아 시대의 고집스런 맹목
성을 담고 있는 이 장면 덕분에 이 무시무시한 시는 온 가족이 함
께 읽는 작품이 되었다.

빅토리아 시대 사람들은 강신술이나 최면술, 접신술에 심취했고,
자기네 여왕이 그랬던 것처럼 죽은 자에 대한 애도, 예배에 맹목적
으로 집착했다. 특히 나이 어린 사람이 죽었을 때는 그 정도가 더욱
심했다. 그들은 유령 이야기, 공포 소설, 공상 소설을 좋아했다. 이
공상적인 이야기들은 때로 결말에 가서 달콤한 교훈으로 덧칠되기
도 했지만, 기독교적 교의는 거의 담고 있지 않았다.13) 이것들은 미
국의 공포 소설——대체로 포우Edgar Allen Poe(1809~1894)가 만들
어낸 형태라 할 수 있다——과 마찬가지로, 지옥에서 소재를 얻기
보다는 '무덤 저편'의 신비하고 불가사의한 영의 세계에서 온 도깨
비, 유령, 망령들에 대한 내용을 담고 있었다. 공상과학 소설은 이
제 은하 건너편으로 무대를 옮긴다.
　20세기의 인기 있는 환상작품으로서 잊혀지지 않는 세 작품을 아
래에 소개한다. 이것들은 온갖 가능한 소재를 구사하여 씌어진 고
딕 소설로서 사람들은 이 작품들을 끊임없이 모방하고 응용하였다.
이 세 편의 소설은, 과학이 기괴한 생명체를 만들어 낸 뒤 그 괴물
을 유기한다는 셸리Mary Shelley의 『프랑켄슈타인Frankenstein』(1818),
파우스트 류의 과학자가 장기이식이 아니라 현현한 '이드'14)로 생
명을 창조한다는 스티븐슨Robert Louis Stevenson의 『지킬 박사와 하
이드The Strange Case of Dr. Jekyll and Mr. Hyde』, 그리고 사랑에 빠

진, 본래적인 의미의 고딕적 악마가 저지르는 연쇄 살인 이야기인 스토커Bran Stoker의 『드라큘라Dracula』(1897)다.

그런데 지옥은 이 세 편의 고딕 소설 어디에도 나타나지 않는다. 드라큘라와 그의 앞잡이들은 악마다. 십자가로 그들을 물리친다는 대목을 보면 혼동이 생길 수도 있겠으나, 기독교적 의미의 악마는 아니다. 그들은 구전 설화의 어두운 숲 속에서 온 밤의 피조물들이다. 시체가 먼지로 화하는 장면을 읽으면서 흡혈귀 또는 그 희생자들이 지옥에 갈 것이라고 생각하는 독자는 없다. 하이드 역시 악마다. 하지만 화자가 빅토리아 시대의 전통을 벗어나지 못했음에도 불구하고, 초자연적으로 저주받은 영혼은 아니다. 하이드는 현대적인 비유로서 중요한 위치를 차지하고 있다. 하이드에 상응하는 인물은 도리언 그레이Dorian Gray[15]다. 그는 지킬 박사의 얼굴 속에 하이드의 영혼을 감추고 있다(오스카 와일드는 도리언의 숨겨진 진짜 모습을 하인들이 보게 함으로써 도리언에게 충분한 벌을 주었다고 생각한 듯한데——물론 옳은 이야기다). 스토커와 스티븐슨이 자기 시대에 걸맞는 소설을 썼다면, 마리 셸리는 그들보다 한 시대 더 진보한 셈이었다고 할 수 있다. 그러나 세 사람 모두 자신들의 어리석은 피조물들이 형벌의 지옥에 가야 할 필요성을 느끼지 못했다는 점에서는 일치한다.

이와 같이 19세기 말엽에 지옥은 대중문화에서 사실상 사라져 버렸다. 문자 그대로의 지옥의 이미지가 중산층의 사고방식 속에 여전히 존속했다고 한다면, 도대체 지옥은 어디쯤 위치하고 있단 말인가? 분명히 지하는 아니다. 1865년 루이스 캐롤Lewis Carol이 『이상한 나라의 앨리스Alice's Adventures in Wonderland』를 출판한 이래 지옥은 지하를 벗어났다. 그것은 윌리엄 휘스턴이나 바이런에 이르러 우주 어디 쯤인가로 튀어 나갈 수밖에 없었을 것이다.

28

만인 구원론
Universalism

격렬한 투쟁이 없었던 것은 아니었지만, 19세기 후반에도 기독교 교회 내에서 지옥Hell을 없애려는 시도가 있었다. 오리게네스가 모든 사람은 결국 용서받게 된다는 이론을 편 이래로, 만인 구원론 universal salvation은 기독교의 배후에 스며들었다. 그리고 프로테스탄트와 카톨릭의 성직자들 모두 단호히 거부했음에도 불구하고 이런 생각은 결코 사라지지 않았다. 1,500년의 세월이 흐른 계몽주의 시대에 이르러서야 상식을 벗어난 이론들에 대해 처음으로 공공연한 토론이 벌어지게 되었다. 지금의 우리에게는 친숙하지만 150년 전만 해도 색다르게 다가왔던 관점, 즉 사랑의 하느님이라는 낭만주의적 개념은 저주에 대한 새로운 시각을 요구했다.

1750년경 만인 구원론이라는 교리를 처음으로 선포한 사람들 중 하나가 영국인 제임스 렐리James Relly(1720~1778)였다. 처음에 렐리는 침례교도였고, 그 악명 높은 설교자 조지 화이트필드George Whitefield를 추종했다. 하지만 화이트필드가 불을 뿜는 듯한 부흥

회 설교로 조나단 에드워즈Jonathan Edwards까지 침묵하게 만드는 것을 보고 렐리는 적잖게 당황했던 듯하다. 그 후 렐리는 화이트필드를 떠나 온건한 존 웨즐리John Wesley의 감리교회로 옮겼다. 하지만 렐리는 결과적으로 더욱 급진적인 사람이 되어 결국에는 정통 칼뱅주의를—이 시점의 칼뱅주의는 대부분의 영국 종파들을 포함하고 있었는데, 아마 퀘이커 교도는 여기에서 제외될 것이다—거부하고 순회 설교자가 되었다. 그가 전한 메시지는, "만약 그리스도가 만인을 위해 돌아가셨다면, 모든 사람이 구원을 받으리라."고 하는 것이었다.

칼뱅주의자 존 머레이John Murray는 렐리의 영향으로 전향한 사람들 중 하나였다. 1770년 머레이는 뉴저지 주의 굿 럭Good Luck에 도착하자마자 북동부 식민지 전역을 돌면서 만인 구원론을 설교하기 시작했다. 1781년, 침례교도인 그의 동료 윈체스터Elhanan Winchester(1751~1797)는 만인 침례교회Universal Baptist Church를 설립하여 순식간에 개종자들을 끌어들였고, 1790년에 이르러서는 필라델피아에서 만인 구원론자 성직회를 열 정도로 세력을 키웠으며, 1820년대에는 미국에 확실히 뿌리를 내리게 되었다.

초기의 만인 구원론자들은 프로테스탄트 종파들의 정통 교리를 따랐고, 거기서 말하는 모든 주제를 받아들였다. 그러나 영원한 고통이라는 주제는 받아들이지 않았다. 그들은 영국의 초기 이신론자들처럼 지옥의 존재를 믿었지만, 지옥에 머무는 것은 일시적이며 정화를 위해서라고 생각했다. 머레이는 하느님은 선하기 때문에 징벌을 내리는 존재라기보다는 용서하는 존재이며, 오리게네스를 따라—머레이가 그의 가르침을 알았든 알지 못했든 간에—인간은 지옥에서도 자유의지를 가지며, 지옥의 공포를 생각한다면 인간은 반드시 회개할 수 있을 것이라고, 아니 회개할 것이라고 주장했

다. 한편 영향력 있는 지도자인 호세아 발로우Hosea Ballou(1771~
1852)는 비록 그의 선배들만큼 제대로 교육을 받진 못했지만, 사려
가 깊었고 타고난 지적 재능이 있었다. 그는 이신론자들의 글을 읽
었고, 이성을 믿었으며, 토마스 제퍼슨Thomas Jefferson과 에탄 알렌
Ethan Allen을 받들었다. 그는 만인 구원론이 지닌 신학적 난제들에
정면으로 맞서기 시작했다. 하느님의 본성이 구원을 보증하고 인간
의 본성이 궁극적으로 선한 것을 택한다면, 그리스도의 희생이 무
슨 의미가 있는가? 인간은 왜 그리스도의 신성함 또는 그의 부활을
믿어야 하는가? 삼위일체는 왜 필요한가? 인간은 왜 타락했고 왜
원죄를 뒤집어쓰게 되었는가? 무엇보다도 만약 영원한 지옥이 없다
면, 무엇에서 '구원되는' 것이란 말인가?

　발로우는 정통파의 신학 논리는 모두 불필요하다는 과격한 결론
을 내렸다. 예수의 십자가 고난은 파멸의 운명에서 인간을 구원할
것을 보증했고, 그 파멸의 운명은 십자가 고난 이후 더 이상 존재하
지 않는다는 것이 그의 주장이었다. 그는 영벌의 고통을 믿지 않았
고 급기야는 지옥도 전혀 믿지 않게 되었다. 이 때문에 자신이 속한
교회까지 당혹하게 했고 분열을 초래했다. 만인 구원론자들은 이
문제를 둘러싸고 이리저리 표류해야 했다. 19세기 후반에는 일시적
인 벌——이것을 '원형 회복restoration'이라고 한다——을 받는다
는 주장으로 기울었다가, 20세기에는 발로우의 극단적인 주장으로
옮겨갔다. 그 무렵 많은 만인 구원론자들이 사후세계에 대해 아무
것도 믿지 않게 되었다.

　그렇지만 만인 구원론은 자체적으로 중·고등학교와——만인 구
원론자인 호레이스 만은 미국 공립학교 제도가 발전하는 데에 많은
공헌을 했다——대학들을 설립해서 사회적 기반을 닦아 나갔다. 그
들은 1860년대 다윈의 진화론이 몰고 온 종교적 위기를 다른 어떤

기독교 교파들보다 잘 극복했으며, 전반적으로 과학을 긍정했다. 상행위에도 긍정적이었는데, 가령 서커스 단장이며 흥행사였던 바넘P. T. Barnum 같은 이도 저명한 만인 구원론자였다. 그는 "장사에서 단골은 1분마다 한 명씩 생겨난다."라는 식의 얘기를 공공연하게 할 만큼 장사에도 열성적이었다. 20세기에 들어서자 만인 구원론자들은 진정한 종교는 어떤 면에서 보더라도 '보편적'일 수밖에 없다는 결론을 내리고, 세계의 다른 거대 종교들에까지 손길을 뻗쳤다. 1960년이 되면 미국 만인 구원교회는 미국 유니테리언 연합회와 합병하였다.

하지만 정통론자들이 비판의 목소리를 높이던 19세기에, 특히 일시적 지옥에 머무른다는 설조차 의심하는 만인 구원론의 가르침은 발로우가 주장한 바로 그 근거들의 온갖 측면에서 공격을 받았다. 하느님이 모든 인간, 심지어 가장 사악한 죄인들까지도 구원해야 한다는 입장은 부도덕하고 불경스러워 보였고, 아르미니우스 파의 자유의지 옹호자들이 지적했듯이, 칼뱅주의만큼이나 결정론적인 것으로 들렸다. 지옥의 실재를 부인하는 것, 그리고 그로써 예수의 십자가 죽음의 중요성까지 부인하는 것은 기독교 정신도 함께 포기하는 것이었다. 이것은 단순한 '휴머니즘'에 지나지 않았기 때문에, 많은 사람들은 이를 파문으로 여겼다 —— 당시 사람들은 20세기 후반의 미국 근본주의자들과 같은 엄격한 견해를 갖고 있지 못했기 때문이다.

대부분 19세기에 설립되었거나 이미 운영 중이던 미국 신학교의 도서관 목록들은 오래되어 먼지를 뒤집어 쓴 채 책꽂이 위에 놓여 있긴 하지만, 그것들을 한 번쯤 들여다 보는 것은 예전의 논쟁이 얼마나 치열했는지를 이해하는 데 도움이 된다. 1836년 감리교도들이 설립한 아틀란타의 에모리Emory 대학에는 다음과 같은 빅토리아 시대의 책들이 소장되어 있다.

- 『성서의 천벌론 견해사A History of Opinion on the Scriptural Doctrine of Retribution』(1878),
- 『끝없는 형벌과 영원한 생명Everlasting Punishment and Eternal Life』(1879),
- 『끝없는 형벌Everlasting Punishment』(1880),
- 『끝없는 형벌에 대해 믿을 수 있는 것은?What is of Faith as to Everlasting Punishment?』(1880),
- 『끝없는 형벌에 관해서 진리는 무엇인가?What is the Truth as to Everlasting Punishment?』(1881),
- 『끝없는 미래: 인간의 시련과 도래할 무한한 우주와의 가능한 관계The Endless Future : The Probable Connection between Human Probation and the Endless Universe that Is to Be』(작자는 이 책을 익명으로 출판하고자 했다. 그의 목적과 의도는 명예가 아니라 진실이기 때문이었다.)
- 『영원한 파멸의 운명Doom Eternal』(1887),
- 『미래의 천벌, 이성과 계시의 관점에서Future Retribution: Viewed in the Light of Reason and Revelation』(1887),
- 『형벌을 내리시는 하느님의 자비God's Mercy in Punishment』(1890),
- 『미래의 천벌Future Retribution』(1892)

이런 종류의 책들은 논쟁의 양쪽 당사자들이 쓴 것이었다. 이 많은 책자 중에는 미국인뿐만 아니라 영국인이 쓴 것도 있다. 또한 성직자뿐만 아니라 확신에 찬 빅토리아 시대 사람들이 진솔하게 쓴

『기독교인을 경계하기 위한 지옥』에 들어 있는 삽화. 더블린, 1841.

것도 많았다.

보수 세력은 단호했다. 교황 레오 13세는 1879년 영원한 지옥과 악마가 존재함을 긍정하는 교서를 발행하였고, 카톨릭의 지성인들에게 그 노선을 따르도록 요구하였다. 전통적인 빅토리아 시대의 부모들은 아이들에게 번연Bunyan의 작품이나, 사제인 조셉 퍼니스Joseph Furniss가 지은 베스트 셀러『지옥의 풍경The Sight of Hell』을 선물로 주었다. 『지옥의 풍경』에서는 저주받은 영혼들이 지하 감옥에서 비명을 지르는 모습을 이렇게 그리고 있다.

꼬마 아이가 붉게 달군 가마솥 안에 있다. 들어 보라, 아이가 밖으로 나오려고 지르는 비명 소리를. 바라보라, 아이가 불 속에서 어떻게 몸을 뒤척이고 비비 트는지를. 아이는 솥뚜껑에 자신의 머리를 부딪는다. 아이는 바닥에서 그 작은 발을 동동 구른다……. 하느님은 이 어린 아이에게 아주 자비로우셨다. 하느님은 아이가 점점 더 사악해지고 결코 뉘우치지 않으리라는 것을 아셨고, 그대로 두었다가는 아이가 지옥에서 더 심한 형벌을 받으리라는 것을 아셨기에 자비를 베풀어 그 아이를 아직 어렸을 때 세상에서 불러내신 것이다.

이런 전통은 소규모 전투에서는 승리했지만 전면전에서는 그렇지 않았다. 대부분의 기독교 종파들이 여전히 영원한 지옥에 대해 긍정적인 믿음이 있었지만, 그 점을 지나치게 강조하는 것은 카톨릭 전통주의자들과 프로테스탄트 근본주의자들뿐이었다. 지옥은 일종의 당혹감을 안겨 주는 그 무엇이 되었고, 천벌이라는 위협에 의지하던 주교는 즉시 대중언론에서 비난을 받았다. 개인적으로 볼 때, 사후세계를 믿는 대부분의 사람들은 어설픈 만인 구원론의 입

『인간의 마음이 신의 성전인지 악마의 거처인지를 보여 주는 영혼의 거울』(1830년)에서.

장──그것이 현대의 것이든 아니면 과거식으로 일시적 형벌을 받는 것이든──에 동조하는 듯하다.

그 어떤 기독교 종파도 공식적으로는 아직 '유니테리언=만인 구원론자'라는 정식을 인정하지 않는다. 만인 구원론자들은 에머슨식의 산문조로 다음과 같이 선언한다.

우리가 생각할 수 있는 하느님의 특성에 의거하여 보면, 영원한 지옥이라는 가르침은, 하느님에 대한 가장 비열한 모독이며, 천국에서 누릴 행복을 불가능하게 하는 것이므로, 우리는 이를 철저하게 거부한다. 왜냐하면 어떤 사람이라도 자신이 사랑하는 많은 사람들을 포함하여 인류의 반이 고통 속에 신음하고 있다는 것을 안다면, 심장이 돌이 아닌 이상 결코 행복할 수 없기 때문이다. 하느님을 모독하는 이 어두운 가르침 대신에, 미래의 생활은 영원한 정의와 사랑이 지배하게 될 것이라는 것을 우리는 믿는다. 그리고 지금 이 세상에서 우리가 '우리 아버지'라고 부르는 그분이, 다가올 세상에서는 그의 모든 아이들의 확실한 아버지가 되실 것을 믿는다. 그리고 세상은 여기에서 올바르게 행동한 사람들에게 모두 영원한 선善을 가져다줄 뿐 아니라, 그릇된 행동을 한 사람에게도 영원한 희망을 선사할 것이라고 우리는 믿는다.

29

프로이트의 시대
The Age of Freud

현대 세계의 예언자로서 자주 인용되는 인물 네 명을 들자면 다윈, 마르크스, 니체, 프로이트가 그들이다.

찰스 다윈Charles Darwin(1809~1882)은 1859년에 『종의 기원』을 발표해 지적 충격을 주었다. 그 책에서 다윈이 제시한 생물학적 결정론은 당시의 가장 진보한 철학 사상까지 근본적으로 바꾸어 놓았다. 기계론적 우주는 스스로 확장하는 과정에서 이미 삐걱거리고 있었고, 생물과 유기체의 갈등이 지질학상의 태곳적부터 존재했음이 알려지면서 산산조각나고 말았다. 하느님의 힘과 선함을 보여준다고 여겨지던 자연의 조화는 이제 개체들의 생식의 결과로 드러났다. 그것은 무신론과 부도덕을 수반한 추잡한 사상으로 보였기 때문에 많은 사람들의 반감을 샀다. 또한 인간이 완전한 하느님의 형상대로 창조된 것이 아니라, 원숭이나 유인원에서 진화했을 가능성이 있다는 주장도 큰 분노를 일으켰다(또는 일으키고 있다). 그러나 일각에서는 다윈의 새로운 복음을 확실한 진보의 표시로서, 즉

자연과 인간 사회가 전진, 상향하는 증거로서 환영했다.

　이보다 앞서 1848년에 칼 마르크스Karl Marx(1818~1883)는 『공산당 선언Communist Manifesto』을 발표했다. 이보다 훨씬 영향력이 컸던 『자본론Das Kapital』은 그의 사후인 19세기 말엽에 엥겔스 Friedrich Engels가 편집했지만, 세기말까지는 세상에 나오지 못했다. 마르크스는 이 책에서, 지배 계급이 역사적으로 착취와 독재를 비호하고 촉진하는 도구로 종교를 이용했다고 보고, 종교를 "인민의 아편"이자 속임수라고 비난했다. 또 역사의 진보를 위해서는 종교와 함께 사유재산, 계급을 타파하고, 노동력의 부당한 사용과 임금의 부당한 분배를 깨뜨려야 한다고 주장했다. 이 사상은 20세기의 여러 나라들에서 국가적 규모로 시험되기 전에도, 지식인과 인도주의자 사이에서 엄청난 논쟁을 불러일으켰다.

　프리드리히 니체Friedrich Nietzsche(1844~1900)는 진보를, 특히 획일적인 평등주의에 의한 진보를 믿지 않았다. 인간은 지나치게 순응적이고 그 자체로 몰개성적이며, 기독교는 비열하게도 이를 이용해 인간으로 하여금 기괴한 초자연적 위협에 복종하도록 한다고 그는 생각했다. 니체의 '초인Übermensch'은 ── 나치는 이 말을 상습적으로 왜곡했다 ── 어떠한 복종(특히 제도화한 종교를 포함하여 파시즘과 같은 것들에 대한 복종)에 대해서도 항거하고, 최고의 인격적이고 윤리적인 규준을 확립할 수 있는 의지와 힘을 지닌 사람이다. 니체에게 있어서 괴테는 완벽한 '초인'의 모범이었다. 그 시대의 시인들처럼 괴테는, 디오니소스적 희열의 숭고함을 찬미하여 아폴론적 미의 질서 위에 있는 어떤 것으로 높인 사람이었다.

　그러나 지옥에 대한 현대적 관점에서 보면 가장 중추적인 인물은 지그문트 프로이트Sigmund Freud(1856~1939)다. 19세기에는 은유적이고 '시적인' 사고방식이 발전했다면, 프로이트는 인간 정신의

악마들도 부수지 못하는 금고 19세기 광고

지형을 탐험하여 어두운 영역에 새 빛을 비추었고, 현대의 용어 체계를 영구히 엄청나게 바꾸어 놓았다. 예정론 대 자유의지의 문제는 뒷전으로 물러났고, 원초적 이드Id와 자아Ego와 초자아Superego의 투쟁의 문제에 몰두하는 시대가 되었다. 오늘날 우리는 원죄가 아니라, 불안, 억제, 억압, 오이디푸스 컴플렉스에 대해 말하고 있다. 하지만 프로이트는 (그의 추종자들과는 달리), 아우구스티누스가 '원죄는 결정적인 것'이라는 주장에 집착했던 만큼이나 이 모든 것을 극단적으로 성행위에만 결부하여 생각했다.

프로이트는 종교에 반대했다. 그는 종교를 제도화한 노이로제로 여겼다. 그러나 신비주의적 기질을 지닌 젊은 동료, 칼 융Karl Jung (1875~1961)은, 다른 것들에 대해서도 그렇지만 종교에 관해서도 프로이트와 견해가 달랐다. 융은 개인은 물론 종족에도 의미를 지니는 원형archetypal figures을 끌어들이면서 집단적 무의식이라는 개념을 덧붙였다.1) 융은 무의식을 억압한 결과 생겨난 절망을 '그림자Shadow'라고 부른다. 예술가나 작가들에게 끼친 융의 영향력은 프로이트보다 훨씬 큰 것 같다. 그들은 확실히 '그림자'를 이해했던 것이다.

20세기에 들어서도, 지옥은 사라지기는커녕 가장 중요하고 지배적인 은유의 하나가 되었다. 번연Bunyan도 『천로역정』에서 전통적인 설교의 '지옥의 구렁텅이Slough of Hell'라는 말을 '절망의 구렁텅이Slough of Despond'로 바꾸었는데, 그것이 무엇을 의미하는지 어느 정도는 자신도 짐작하고 있었다. 그러나 그것은 프로이트와 니체에게서 깊은 영향을 받은 토마스 만Thomas Mann과 같은 지식인 작가가 사용한 것과는 전적으로 다른 것이었다. 토마스 만은 히틀러의 독일을 무대로 하여 『파우스투스 박사Doktor Faustus』(1948)를 썼는데, 이는 음악가인 주인공이 강박관념 속에서 절망적으로 미쳐 가는 과정을 그린 소설이다. 도스토예프스키Fyodor Dostoevsky(1821~ 1881)는 선과 악, 정상과 광기의 문제를 탐구하는 일련의 힘있는 소설들 속에서 이미 사실적인 기법으로 악마의 형상을 그려냈다. 아무도 『카라마조프가家의 형제들』의 둘째 아들 이반보다 니체가 말한 '신의 죽음'을 강력하게 표현해내지 못했다.

근대의 작가들은 다양한 방식과 폭넓은 상상력으로 지옥이라는 은유를 사용해 왔다. 그 중에서 지배적인 것은, 아이러닉하고 환상적인 이미지를 사용한 것이다. 괴테의 『파우스트』 제2부는 제임스 조이스James Joyce의 『율리시즈Ulysses』(1922)를 '밤거리Night town' 또는 지하의 매춘굴로 이끌고, 그 뒤로는 토마스 만의 『파우스트 박사』, 윌리엄 가디스William Gaddis의 『인식The Recognitions』, 샐먼 루시디Salman Rushdie의 『사탄의 시The Satanic Verses』(1988)를 면면히 이끌었다. 이 중 마지막 작품은 지옥보다는 악마에 대한 이야기라고 할 수 있다.

내면 세계의 여행 못지 않게, 정글이나 전쟁터 같은 위험한 지대의 여행도 빈번히 작품화하기 시작했다. 조셉 콘라드Joseph Conrad의 소설 『암흑의 중심Heart of Darkness』이 잘 알려진 예다. 코폴라 Francis Ford Coppola 감독은 베트남 전쟁을 배경으로 한 1979년도 영화 「지옥의 묵시록Apocalypse Now」에서 환상적인 이미지를 사용하는 기법을 썼는데, 이것은 제2차 세계대전 이후 세대에게는 좀더 친숙한 기법인 것 같다. 조셉 헬러Joseph Heller도 『캐취―22』[2)에서 같은 기법을 사용했고, 귄터 그라스Günter Grass의 『양철북』, 저지 코진스키Jerzy Kosinsky의 『화장한 새The Painted Bird』, 그리고 코에츠J. M. Coetzee의 『마이클 K의 생애와 시대The Life and Times of Michael K.』도 그랬다. 이와 유사하게 피카소의 걸작 「게르니카 Guernica」(1937)도 전쟁의 참상을 그리고 있지만, 엄밀하게는 전통적인 지옥을 그린 것임이 확실하다.

또한 지성적이라고 할 만한 지옥도 있다. 버나드 쇼Bernard Shaw 의 『지옥의 돈 주앙Don Juan in Hell』에서는 나름대로의 해석과 함 께, 전통적으로 '돈 주앙' 극들에서 덕의 인물로 등장하는 기사 돈 곤잘로를 지옥으로 내려 보낸다. 천국은 너무 천편일률이고 융통성 이 없다는 것을 돈 곤잘로가 발견했기 때문이라는 것이다. 한편 사 르트르Jean Paul Sartre의 『비상구는 없다No Exit』에서 세 명의 등장 인물은 사후세계의 영원성 때문에 서로 진절머리를 낸다.

지옥을 황무지로 보는 또 다른 현대적 시각이 있다. 이것이 가 장 먼저 나타난 것은, 로버트 브라우닝Robert Browning의 『암흑의 도시로 간 젊은이 롤랜드Childe Roland to the dark tower came』라는 작품에 나오는 "굶주린 듯한 참혹한 초목" 장면이다. 브라우닝은 제 시의 메마르고 악몽 같은 상像이 어디서 연유하고, 무엇을 의미 하는지 잘 모른다고 공언했지만, 엘리어트T. S. Eliot는 『황무지』3)에 서 한층 살벌한 형상으로 황무지라는 지옥의 이미지를 그려냈다. 엘리어트는 전통 전체에 기반을 두면서 거기에다 새로운 요소를 덧 붙인, 신비스럽고 위대한 시인들 중 하나다. 그의 지옥은 고갈된 지 옥이고 아노미의 지옥이며, 의미와 감정의 공허함이 덧붙여진, "골 목엔 쥐들이 들끓고, / 죽은 이들이 뼈를 잃어버리는 곳"이라고 표 현되는 건조하고 텅 빈 곳이다. 엘리어트는 다른 시들에서도 이런 황무지 풍경을 묘사하고 있는데, 특히 주목할 만한 것은 『암흑의 중심Heart of Darkness』의 한 구절을 에피그래프로 쓴 『공허한 인간 The Hollow Men』(1925)이다. 그리고 『네 개의 사중주Four Quartets』 의 네 번째 시, 「리틀 기딩Little Gidding」(1942)에서도 황무지에 대한 묘사를 볼 수 있다. 여기서는 단테와 예이츠(예이츠는 「리틀 기딩」 이 나오기 직전에 죽었다)의 융합체로 보이는 낯익은 안내자가 그

오귀스트 로댕Auguste Rodin(1840~1917)은 여러 해에 걸친 작업 끝에 「지옥의 문」을 완성
했다. 그는 어떠한 전통에도 기대지 않았다. 단, 이 부조는 단테의 「지옥편」에 나오는 우골리
노Ugolino를 형상화한 것이다.

를 지하세계로 이끌어 간다.

나는, 황량한 땅이라는 것은 베케트Samuel Beckett의 거의 모든 소설과 희곡에 나오는 주인공들이 꾸물대거나 빈둥거리는 곳, 또는 그들이 단테의 신곡에 나오는 지옥의 어느 '볼제(주머니)'에 갖힌 자들처럼 목까지 파묻혀 있는 곳과 다름없다고 생각한다. 이것은 카프카의 '폐허'의 이미지와 별로 다르지 않다. 그리고 톨킨J. R. R. Tolkien의 3부작 환상 동화『반지 전쟁The Lord of the Rings』에서도 황폐한 영토가 등장한다. 이곳은 흉칙하게 생긴 사람들만이 살고 있는 곳이며, 핵폭발 뒤의 사막 같은 폐허인데, 이 작품에서 톨킨은 암흑의 영주Dark Lord가 지닌 파괴적인 힘을 보여 준다.

소설(픽션)뿐 아니라 다른 장르에서도 지옥을 우울증이나 정신 분열증 같은 정신질환과 관련짓는 것이 있다. 한나 그린버그Hannah Greenberg는『나는 너에게 장미 정원을 약속하지 않았다I Never Promised You a Rose Garden』에서 정신 분열증을 다루면서 밀턴식의 반짝이는 이미지를 사용했다. 본네거트Mark Bonnegut는『에덴 익스프레스The Eden Express』에서 마약과 정신분열 증세를 서술했다. 20세기에 들어서서 영국의 정신 분석가인 레잉R. D. Laing은 마약에 의존하든 아니든 간에, 의도적으로 미쳐 버리는 것이 영혼에 이로울지 모른다고 제안했다. 레싱Doris Lessing은 여러 소설들 가운데, 특히『지옥행 안내Briefing for a Descent into Hell』에서 그러한 광증의 절차를 서술하고 있다.

영화나 텔레비전에서 다루는 지옥은 대체로 고딕풍의 유치한 무대장치를 보여 줄 뿐이다. 지옥을 꾸미는 것은 무대감독이나 특수 효과 담당자들이 자신들의 전문기술을 뽐내는 기회일 뿐이다. 영화에서는 은유를 효과적으로 시각화할 수 있다. 장 콕토Jean Cocteau의『오르페Orphée』, 카뮈Marcel Camus의『흑인 오르페Black Orfeus』

는 그 훌륭한 예다. 그러나 일반적으로 상업 영화 제작자들은 이런
은유적인 영화를 피한다. 상업 영화 중에서 지옥이라는 오래된 테
마를 다룬 공상 과학 영화 『에일리언Aliens』(1986)이 있는데, 여기서
여주인공 시고니 위버는 우주 시대의 이난나Inanna 같은 모습으로
가공할 괴물 에레스키갈에게서 어린 아이를 구하려고 공포의 지옥
으로 내려간다. 재미있는 아기 도깨비가 등장하는 희극적인 지옥의
모습은 만화책이나 만화 영화에서 흔히 볼 수 있다. 스탠리 엘킨
Stanley Elkin의 블랙 코미디 소설 『생지옥The Living End』(1979)에
서는 능란한 속임수를 사용해서 무시무시한 중세의 전통적인 지옥
을 그렸다.

아마도 시간이 지날수록 지옥은 예전의 종교적 교화 기능에서 멀
어져 갈 것이다. 특히 "임사체험near-death experience"에 대한 연구가
계속되면서 그런 현상은 심화될 것이다. 그러나 융통성 있는 은유
로서 지옥의 무궁무진한 가치는 사라지지 않을 것이다. 메소포타미
아 시대 이래로 빈번히 그러했듯이, 지옥은 분명히 계속 변해갈 것
이다.

맺음말

여러 저명한 학자들이 이 책의 각 장들을 검토해 주었다. 예일 대학과 뉴욕 대학에서 강의하는 해롤드 블룸, 뉴욕 대학의 노르만 캔터와 제임스 카스, 하버드의 에밀리 베어모일 외 여러분께 감사 드린다. 하지만 텍스트에 오류가 있다면, 그것은 그들의 잘못이 아니라 전적으로 내 책임이다. 뉴욕 대학 예술과학 대학원의 교양학부에서 여러 분야에 걸쳐서 연구할 수 있는 출발점을 마련해 준 덕분에 제1장을 쓸 수 있었다. 그리고 특별히 도서관을 사용할 수 있도록 특전을 베풀어주신 신시아 워드에게 감사드린다. 학교 동료인 캐롤 힐과 '고딕적' 영감을 불러 일으켜 준 마가렛 아트우드, 적절한 제안을 해 준 테드 클라인, 존 마틴을 알게 해 준 톰 디쉬, 『예술과 고미술』을 멋지게 개관해 준 제프리 샤이어, 열정을 가지고 이 책을 탄탄하게 편집해 준 안네 프리드굿과, 지도까지 여럿 그려 준 켄 파이셀에게 감사드린다. 마지막으로, 내 대리인이자 친구인 에릭 애쉬워스, 그리고 유익한 책과 무한한 지혜와 정신적 후원을 주었던 선배인 앤 스테인튼 데인, 이 두 사람에게는 특히 감사드린다.

약간의 편차는 있지만, 참고 문헌 목록에 실은 책은 다 좋은 책들이다. 지옥론infernology이 악마론diabology과 어떻게 다른지 잘 알지 못하는 사람이라도 악마에 대해 아주 재미있게 읽을 수 있는 다섯 권짜리 책을 쓴 제프리 버튼 러셀의 선구적인 학문 작업은 지속적인 시금석이었다. 중요하고 유용한 다른 책들로는 로버트 휴즈의 『서양 예술에 나타난 천국과 지옥Heaven and Hell in Western Art』, 워커의 『지옥의 쇠퇴The Decline of Hell』, 자크 르고프의 『연옥의 탄생The Birth of Purgatory』, 폴 존슨이 쓴 『기독교의 역사A History of Christianity』, 그리고 하워드 롤린 패취의 『저 세상The Other World』, '예수의 지옥정벌Harrowing of Hell'에 대한 벨의 미출판된 논문 등이 있다. 각종 논문들을 복사해서 보내 주신 알렌 번스타인에게 감사드린다. 번스타인은 중세 지옥에 대한 학문적 서적을 곧 출간할 예정인데, 지옥의 전죾 계통과 관련해 매우 기대되는 작품이다.

내가 이 책을 쓰게 된 동기가 무엇이었는지 오랜 시간 동안 자문해 보았다. 그것은 분명히 뒤늦게 발견한 길가메쉬, 엔키두, 이난나, 에레쉬키갈이었다. 나는 메소포타미아 신화에 충격을 받았고, 매우 기뻤다. 그것이 나를 하계에 대한 탐구로 이끌었다. 그것은 전혀 예측할 수 없었던 방향으로 나를 이끌어 준 여행이었다.

옮긴이의 글

이 책은 앨리스 K. 터너가 쓴 『The History of Hell』(1993, Harcourt Brace)를 완역한 것이다. 번역을 하면서 현세는 '부정적 내세', 말하자면 지옥이 규정해 온 것일지도 모른다는 생각이 들었다. 인류가 지옥에 대해 그토록 깊은 관심을 가졌던 이유는 아무래도 선과 악, 인간의 고통이라는 현실적 삶, 윤리 문제에서 답을 찾아야 할 것이기 때문이다.

지옥은 법대로 살아가는 사람들의 눈에 비친 불법 행위, 약자가 바라보는 강자의 횡포 등 현세의 온갖 모순의 반영이었던 것 같다. 내세에 대한 종교적 가르침 때문에 현세의 질서가 정당성을 부여받고 유지된다는 말도 맞지만, 역으로 천국이나 지옥과 같은 내세의 근거 역시 선과 악, 이상과 현실 사이에서 모순과 괴리를 경험하는 현세에서 비롯된 것이라고 할 수 있다. 결국 현세의 모순을 해결하고자 하는 '요청'이 지옥의 탄생과 변천의 원동력이었던 것이다.

세상에서 고통받던 사람은 사후세계에서라도 편안히 살 날이 있어야 하고, 현세에서 부정한 방법으로 편안하게 살았던 사람은 어떻게든지 힘든 자들의 고통을 알 기회가 있어야 한다, 악은 언젠가는 심판받고 선은 어떻게든지 보상받아야 한다, 그렇지 않다면 이 부조리한 세상살이를 어떻게 견뎌 나가랴, 사람들은 이런 생각을 가져 왔다. 이러한 사고는 회화, 문학, 대중극 등 온갖 예술 분야에 나타났고, 사람들은 그것을 보며 통쾌해하기도 하고, 현재의 모순과 고통이 해결될 때가 있으리라는 희망을 갖기도 했던 것이다.

이 책은 독자로 하여금 이렇게 말할 수 있게 해 주는 온갖 자료를 상세히 제시한다. 특히 종교, 문학, 신화, 예술 등에 나타난 '지리적' 접근을 통해 사람들이 무엇을 지옥이라고 보았나, 지옥과 같다고 여겨지는 것은 무엇인가, 왜 시대에 따라 지옥의 양상이 다르게 나타나는지를 다양한 장르를 섭렵하여 서술하고 있다. 지옥에 대한 신학적 철학적 접근 또는 심리학적 분석은 피하고자 했다는 저자의 의도와는 무관하게 지옥이란 결국 인간의 어두운 구석이 시대와 상황에 따른 가장 부정적인 언어 또는 기탄의 수단으로 표현되어 온 것이 아니겠는가 하는, 심리학적인 메시지를 던지는 것으로 보인다. 그럼으로써 지옥도 역시 '역사'를 가질 수밖에 없다는 것을 이 책은 자연스럽게 보여 주고 있다. 차분히 음미하며 앞장부터 읽다 보면 서양의 종교, 문화, 문학, 예술의 본령이 느껴질 것이다. 그리고 지은이의 의도와 상관없이 정말로 지옥의 본질이 마음에 와 닿을지도 모르겠다.

초역 작업의 일부를 맡아 준 황수정씨에게 감사드리고, 원고를 꼼꼼이 손질해 준 편집부에 감사드린다.

참고문헌

Abrams, M. H. Natural Supernaturalism: *Tradition and Revolution in Romantic Literature*. New York: Norton, 1971.

Apuleius. *Thc Golden Ass of Apuleius*. Translated by Robert Graves. New York: Pocket Library, 1958.

Arbes, Rudolph. *Tertullian, Father of the Church*. 1959. Reprint. Washington, D.C.: Catholic University Press, 1977.

Ariès, Philippe. *Images of Man and Death*. Translated by Janet Lloyd. Cambridge: Harvard University Press, 1985.○

Ariès, Philippe. *The Hour of Our Death*. Translated by Helen Weaver. New York: Knopf, 1981.

Aristophanes. *Five Comedies*. Translated by Benjamin Bickley Rogers. Garden City, NY: Doubleday, Anchor Books, 1955.

Auerbach, Erich. *Mimesis*. Translated by Willard R. Trask. Princeton: Princeton University Press, 1953.

Bakhtin, Mikhail: *Rabelais and His World*. Translated by Helene Iswolsky. Bloomington: Indiana University Press, 1984.

Bate, Walter Jackson. *John Keats*. Cambridge: Harvard Univetsity Press, 1979.

Bate, Walter Jackson. *Samuel Johnson*. New York: Harcourt Brace Jovanovich, 1975, 1977.

Bayle, Pierre: *Dictionnaire historique*. Le Havre: P. de Hondt, 1759.

Becker, Ernest J. *A Contribution to the Comparative Study of the Medieval Visions of Heaven and Hell, with Special Reference to the Middle-English Versions*. Baltimore: John Murphy Company, 1899.

Bell. A. R. L. "The Harrowing of Hell: A Study of Its Reception and Artistic Interpretation in Early Medieval European Literature," Ph.D. diss., University of Maryland, 1971.

Berthold, Margot. *The History of World Theater: From the Beginnings to the Baroque*. Translated by Edith Simmons. New York: Continuum, 1972, 1990.

Blake, William. *The Complete Poetry and Prose of William Blake*. Edited by David V. Erdman. Berkeley and Los Angeles: University of California Press, 1981.

Bloch, Marc. *Feudal Society*, vols. 1 and 2. Translated by L. A. Manyon. Chicago: University of Chicago, 1961.

Bloom, Harold: *The Visionary Company: A Reading of English Romantic Poetry*. Ithaca: Cornell, 1971.

Boase, T. S. R. *Death in the Middle Ages: Mortality, judgment and Remembrance*. New York: McGraw-Hill, 1972.

Bosing, Walter. *Hieronymus Bosch: Between Heaven and Hell*. Cologne: Benedikt Taschen, 1987.

Boyce, Mary, ed. and trans. *Textual Sources for the Study of Zoroastrianism*. Manchester: Manchester University Press, 1984. Reprint. Chicago: University of Chicago Press, 1990.

Brown, Peter. *Augustine of Hippo: A Biography*. Berkeley and Los Angeles: University of California Press, 1967.

Brown, Peter. The Making of Late Antiquity. Cambridge: Harvard University Press, 1978.

Brown, Peter. *Society and the Holy in Late Antiquity*. Berkelev and Los Angeles: University of California Press, 1982.

Budge, E. A. Wallis. *The Egyptian Heaven and Hell*. Vol. 3, *The Contents of the Books of the Other World Described and Compared*. New York: AMS Press, 1976.

Burckhardt, Jacob. *The Civilization of the Renaissance in Italy*. Translated by S. G. C. Middlemore. New York: Random House, Modern Library, 1954.

Burkert, Walter. *Greek Religion*. Translated by John Raffan. Cambridge: Harvard University Press, 1985.

Burkert, Walter. *Homo Necans: The Anthropology of Ancient Greek Sacrificial Ritual and Myth*. Translated by Peter Bing. Berkeley and Los Angeles: University of California Press, 1983.

Bush, Douglas, ed. *John Keats: Selected Poems and Letters*. Boston: Houghton Mifflin, 1959.

Butler, Eliza Marion. *The Fortunes of Faust*. London: Cambridge University Press, 1952.

Byron, Lord, George Gordon. *Byron: Selections*. Edited by Jerome J. Mcgann. New York: Oxford University Press, 1986.

Campbell, Joseph. *The Hero with a Thousand Faces*. 2nd ed. Bollingen Series, vol. XVII. Princeton: Princeton University Press, 1968.

Camporesi, Piero. *The Fear of Hell. Images of Damnation and Salvation in Early Modern Europe*. Translated by Lucinda Byatt. University Park, PA: Pennsylvania State University Press, 1991.

Cantor, Norman. *Medieval History: The Life and Death of a Civilization*. New York: Macmillan, 1963.

Cohn, Norman R. C. *The Pursuit of the Millennium*. 1957. 2nd ed. New York: Oxford University Press, 1972.

Coughlan, Robert, and the editors of Time-Life Books. *The World of Michelangelo: 1475-1564*. Alexandrin, VA: Time-Life Books, 1966.

Dalley, Stephanie, trans. *Myths from Mesopotamia: Creation, the Flood, Gilgamesh, and Others*. New York: Oxford University Press, 1989.

Dante Alighieri. *Dante: The Divine Comedy. vol. I: Inferno*. Translated by Mark Musa. Bloomington, Indiana University Press, 1971. Reprint, New York: Penguin, 1984.

Dante Alighieri. *The Inferno*. Tanslated by John Ciardi. 1954. New York: 2nd ed. New

American Library, 1982.

Dante Alighieri. *The Inferno*. Translated by Dorothy Sayers. Baltimore: Penguin, 1950.

Davidson, Clifford and Thomas H. Seiler, eds. *The Iconography of Hell*. Karamazoo: Medieval Institute Publications, Western Michigan University, 1992.

Davidson, Gustav. *A Dictionary of Angels, Including the Fallen Angels*. New York: Free Press, 1967.

Davidson, H. R. Ellis. *Gods and Myths of Northern Europe*. Baltimore: Penguin, 1964.

Davidson, H. R. Ellis. *Myths and Symbols in Pagan Europe: Early Scandinavian and Celtic Religions*. Syracuse, NY: Syracuse University Press, 1988.

Delumeau, Jean. *Sin and Fear: The Emergence of a Western Guilt Culture 13th-18th Centuries*. Translated by Erich Nicholson. New York: St. Martin's Press, 1990.

Diderot, Denis: *Encyclopédie ou Dictionnaire raisonne des sciences, des arts et des metiers*. New York: Adler, 1967.

Dodds, E. R. *The Greeks and the Irrational*. Berkeley and Los Angeles: University of California Press, 1951.

Dodds, E. R. *Pagan and Christian in an Age of Anxiety: Some Aspects of Religious Experience from Marcus Aurelius to Constantine*. New York: Norton, 1965.

Dolan, John P., ed. and trans. *The Essential Erasmus*. New York: New American Library, Mentor-Omega, 1964.

Donne, John. *The Complete Poetry and Selected Prose of John Donne*. Edited by Charles M. Coffin. New York: Modern Library, 1952.

Ebor, Donald et *al.*, trans. *The New English Bible with the Apocrypha*. New York: Oxford University Press and Cambridge University Press, 1970.

Eimerl, Sarel. *The World of Giotto*. New York: Time, Inc., 1967.

Eliade, Mircea et al., eds. *The Encyclopedia of Religion*. New York: Macmillan, 1987.

Elsen, Albert E. *The Gates of Hell by Auguste Rodin*. Stanford, CA: Stanford University Press, 1985.

Emerson, Ralph Waldo. *Essays and Lectures*. New York: The Library of Amcrica Series, Literary Classics of the U.S., 1983.

Emmerson, Richard Kenneth. *Antichrist in the Middle Ages: A Study of Medieval Apocalypticism, Art, and Literature*. Seattle: University of Washington Press, 1981.

The Encyclopedia Britannica. Chicago: William Benton, 1963.

Euripides. *Four Tragedies*. No. I. Edited by David Grene and Richard Lattimore. Chicago: University of Chicago Press, 1955.

Eusebius of Caesaria. *The History of the Church From Christ to Constantine*. Translated by G. A. Williamson. New York: Penguin, 1965, Reprint 1989.

Faulkner, R. O., trans. *The Ancient Egyptian Book of the Dead*. Edited by Carol Andrews. Austin: University of Texas Press, 1990.

Feaver, William. *The Art of John Martin*. Oxford: Clarendon Press, 1975.

Ferguson, John. *The Religions of the Roman Empire*. Ithaca: Cornell University Press, 1970.

Forsyth, Neil. *The Old Enemy. Satan and the Combat Myth*. Princeton: Princeton University Press, 1987.

Gardiner, Eileen, ed. *Visions of Heaven and Hell Before Dante*. New York: Italica Press, 1989.

Gardner, John and John Maier. *Gilgamesh*. New York: Knopf, 1984.

Gay, Peter. *The Enlightenment: An Interpretation, The Rise of Modern Paganism*. New York: W. W. Norton, 1966.

Gay, Peter. *The Party of Humanity: Essays in the French Enlightenment*. New York: W. W. Norton, 1971.

Gibson, Walter S. *Brueghel*. New York: Oxford University Press, 1977.

Gibson, Walter S. *Hieronymus Bosch*. New York: Oxford University Press, 1973.

Ginzburg, Carlo. *Ecstasies: Deciphering the Witches' Sabbath*. Translated by Raymond Rosenthal. New York: Pantheon, 1991.

Goethe, Johann Wolfgang von. *Faust, Part I*. Translated by Philip Wayne. New York: Penguin, 1949.

Goethe, Johann Wolfgang von. *Faust, Part II*. Translated by Philip Wayne. New York: Penguin, 1959.

Graves, Robert: *The Greek Myths*. New York: George Braziller, 1955.

Green, V. H. H. *Renaissance and Reformation: A Survery of European History between 1450 and 1660*. London: Edward Arnold, 1952.

Gurevich, Aron. *Medieval Popular Culture: Problems of Belief and Perception*. Translated by James M. Bak and Paul A. Hollingworth. New York: Cambridge University Press, 1988, 1990.

Guthrie, W. K. C. *Orpheus and Greek Religion: A Study of the Orphic Movement*. New York: W. W. Norton, 1966.

Hadas, Moses. *A History of Greek Literature*. New York: Columbia University Press, 1950.

Haskell, Ann S., ed. *A Middle English Anthology*. Garden City, NY: Doubleday, Anchor Books, 1969.

Hearn, M. F. *Romanesque Sculpture: The Revival of Monumental Stone Sculpture in the Eleventh and Twelfth Centuries*. Ithaca: Cornell University Press, 1981.

Heidel, Alexander. *The Gilgamesh Epic and Old Testament Parallels*. Chicago: University of Chicago Press, 1949.

Herbermann, Charles George *et al.*, eds. *The Catholic Encyclopedia*. Vol. 17. New York: Appleton, 1907-1912.

Hesiod. *Theogony, Work and Days*. Translated by M. L. West. New York: Oxford University Press, 1988.

Himmelfarb, Martha. *Tours of Hell: An Apocalyptic Form in Jewish and Christian Literature.* Philadelphia: University of Pennsylvania Press, 1983.

Hinnells, John R., ed. *A Handbook of Living Religions.* New York: Penguin, 1984.

Holmes, Richard. *Coleridge: Early Visions.* New York: Viking, 1989.

Homer. *The Odyssey.* Translated by Robert Fitzgerald. 1961. Garden City, NY: Doubleday, Anchor Books, 1963.

Hooke, S. H. *Middle Eastern Mythology.* Baltimore: Viking-Penguin, 1963.

Houghton, Walter E. *The Victorian Frame of Mind.* New Haven: Yale University Press, 1957.

Hughes, Robert. *Heaven and Hell in Western Art.* New York: Stein & Day, 1968.

Huizinga, Johan. *The Waning of the Middle Ages: A Study of the Forms of Life, Thought, and Art in France and the Netherlands in the XIVth and XVth Centuries.* Translated by A. Hopman. Garden City, NY: Doubleday Anchor Books, 1949, 1954.

Huxley, Aldous. *Heaven and Hell.* New York: Harper, 1956.

James, Montague Rhodes. *The Apocryphal New Testament.* Oxford: Clarendon, 1924, 1953.

Johnson, Paul. *A History of Christianity.* New York: Atheneum, 1976.

Johnson, Samuel. *A Dictionary of the English Language.* London: W. Strahan, 1765.

Jonas, Hans. *The Gnostic Religion: The Message of the Alien God and the Beginnings of Christianity.* 2nd ed. Boston: Beacon Press, 1963.

Keener, Frederick M. *English Dialogues of the Dead: A Critical History, an Anthology, and a Checklist.* New York: Columbia University Press, 1973.

Kirk, G. S. *Myth: Its Meaning and Functions in Ancient and Other Cultures.* Berkeley and Los Angeles: University of California Press, 1970.

Kirk, G. S. *The Nature of Greek Myths.* Hammondsworth: Penguin, 1974.

Koester, Helmut. *History, Culture and Religion of the Hellenistic Age*. Philadelphia: Fortress Press, 1982.

Kovacs, Maureen Gallery, trans. *The Epic of Gilgamesh*. Stanford, CA: Stanford University Press, 1989.

Kramer, Samuel Noah. *Mythologies of the Ancient World*. Garden City, NY: Doubleday, Anchor Books, 1961.

Kramer, Samuel Noah. *Sumerian Mythology: A Study of Spiritual and Literary Achievement in the Third Millennium B. C.* Philadelphia: University of Pennsylvania Press, 1961, 1972.

Kren, Thomas and Roger S. Wieck. *The Visions of Tundal from the Library of Margaret of York*. Malibu, CA: The J. Paul Getty Museum, 1990.

Ladurie, Emmanuel Le Roy. *Montaillou*: The Promised Land of Error. Translated by Barbara Bray. New York: G. Braziller, 1978.

Lambert, Malcolm. *Medieval Heresy: Popular Movements from Bogomil to Hus*. New York: Holmes & Meier, 1977.

Lane Fox, Robin. *Pagans and Christians*. New York: Knopf, 1987.

Le Goff, Jacques. *The Birth of Purgatory*. Translated by Arthur Goldhammer. Chicago: University of Chicago, 1984.

Le Goff, Jacques. *Time, Work and Culture in the Middle Ages*. Translated by Arthur Goldhammer. Chicago: University of Chicago Press, 1980.

Lurker, Manfred. *Dictionary of Gods and Goddesses, Devils and Demons*. New York: Routledge and Kegan Paul, 1987.

Lurker, Manfred. *The Gods and Symbols of Ancient Egypt: An Illustrated Dictionary*. New York: Thames and Hudson, 1980.

McDannell, Colleen and Bernhard Lang. *Heaven: A History*. New Haven: Yale University Press, 1988.

McGinn, Bernard. *Visions of the End: Apocalyptic Traditions in the Middle Ages*. New York: Columbia University Press, 1979.

McManners, John. *Death and the Enlightenment: Changing Attittides to Death among Christians and Unbelievers in Eighteenth-Century France*. New York: Oxford University Press, 1981.

McNeill, John T. and Helena M. Gamer. *Medieval Handbooks of Penance*. New York: Columbia University Press, 1938.

Marlowe, Christopher. *The Complete Plays*. Edited by J. B. Steane. Hammondsworth: Penguin, 1969.

Melton, J. Gordon, ed. *The Encyclopedia of American Religions. "Religious Creeds."* Detroit: Gale Research, 1987.

Meredith, Peter and John E. Tailby. *The Staging of Religious Drama in Europe in the Later Middle Ages: Texts and Documents in English Translation*. Translated by Rafaella Ferrari. Kalamazoo: Medieval Institute Publications, Western Michigan University, 1983.

Meyer, Marvin W., ed. *The Ancient Mysteries: A Sourcebook, Sacred Texts of the Mystery Religions of the Ancient Mediterranean World*. San Francisco: Harper & Row, Perennial Library, 1986.

Migne, J. P. *et al*., eds. *Encyclopédie Theologique*. Paris: Chez 1 Editeur, 1845-1873.

Milton, John. *The Student's Milton*. Edited by Frank Allen Patterson. New York: Appleton-Century-Crofts, 1957.

Ovid. *The Metamorphoses*. Translated by Horace Gregory. New York: Viking, Mentor, 1958, 1960.

Owen, D. D. R. *The Vision of Hell: Infernal Journeys in Medieval French Literature*. New York: Barnes & Noble, 1971.

Owst, G. R. *Literature and Pulpit in Medieval England: A Neglected Chapter in the History of English Letters and of the English People*. 2nd rev. edition. New York: Barnes & Noble, 1966.

Panofsky, Erwin. *Gothic Architecture and Scholasticism: The Middle Ages*. New York: New American Library, 1974.

Patch, Howard Rollin. *The Other World: According to Descriptions in Medieval Literature*.

Cambridge: Harvard University Press, 1950.

Pike, E. Royston. *Encyclopedia of Religion and Religions*. New York: Meridian, 1958.

Plato. *The Dialogues of Plato*. Translated by Benjamin Jowett. New York: Random House, 1937.

Platt, Rutherford Hayes. *The Lost Books of the Bible and the Forgotten Books of Eden*. New York: New American Library, Meridian, 1974.

Praz, Mario. *The Romantic Agony*. Translated by Angus Davidson. New York: Oxford University Press, 1970.

Pritchard, James B., ed. *The Ancient Near East*. vol. I, *An Anthology of Texts and Pictures*. Princeton: Princeton University Press, 1958.

Pritchard, James B., ed. *The Ancient Near East*. vol. II, *A New Anthology of Texts and Pictures*. Princeton: Princeton University Press, 1975.

Rice, David G. and John E. Stambaugh. *Sources for the Study of Greek Religion*. New York: Scholars Press, 1979.

Robinson, James M. et al., eds. *The Nag Hammadi Library in English*. 3rd ed. New York: Harper Collins, 1988.

Russell, Jeffrey Burton. *The Devil: Perceptions of Evil from Antiquity to Primitive Christianity*. Ithaca: Cornell University Press, 1977.

Russell, Jeffrey Burton. *Lucifer: The Devil in the Middle Ages*. Ithaca: Cornell University Press, 1984.

Russell, Jeffrey Burton. *Mephistopheles: The Devil in the Modern World*. Ithaca: Cornell University Press, 1986.

Russell, Jeffrey Burton. *The Prince of Darkness: Radical Evil and the Power of Good in History*. Ithaca: Cornell University Press, 1988.

Russell, Jeffrey Burton. *Satan: The Early Christian Tradition*. Ithaca: Cornell Unversity Press, 1981.

Shakespeare, William. *The Complete Works of Shakespeare*. Edited by George Lyman Kittredge. Boston, New York, Chicago: Ginn & Company, 1936.

Shelley, Percy Bysshe. *Shelley's Poetry and Prose*. Edited by Donald H. Reiman and Sharon B. Powers. New York: Norton Critical Edition, 1977.

Smith, Morton. *Jesus the Magician*. San Francisco: Harper & Row, 1978.

Snyder, James. *Medieval Art: Painting, Sculpture, Architecture, 4th-14th Centuries*. New York: Abrams, 1989.

Spenser, Edmund. *Edmund Spenser's Poetry: Authorative texts, Criticism*. Edited by Hugh MacLean. New York: W. W. Norton, 1982.

Sullivan, Jack, ed. *The Penguin Encyclopedia of Horror and the Supernatural*. New York: Viking, 1986.

Swedenborg, Emanuel. *Heaven and Hell*. New York: American-Swedenborg Printing & Publishing Society, 1883.

Terpening, Ronnie H. *Charon and the Crossing. Ancient, Medieval, and Renaissance Transformations of a Myth*. Lewisburg, PA: Bucknell University Press, 1985.

Tristram, Philippa. *Figures of Life and Death in Medieval English Literature*. London: Paul Elek, 1976.

Van der Meer, F. *Apocalypse: Visions from the Book of Revelation in Western Art*. New York: Alpine Fine Arts Collection, 1978.

Vasari, Giorgio. *The Lives of the Artists: A Selection*. Translated by George Bull. New York: Penguin, 1971.

Vatter, Hannes. *The Devil in English Literature*. Bern, Swirzerland: Franke Verlag, 1978.

Vermeule, Emily. *Aspects of Death in Early Greek Art and Poetry*. Berkeley and Los Angeles: University of California Press, 1979.

Virgil. *The Aeneid*. Translated by Robert Fitzgerald. New York: Random House, 1983.

Voltaire, François Marie Arouet de. *Dictionnaire philosophique*. Paris: Garnier, 1967.

Wakefield, Walter L. and Austin P. Evans. *Heresies of the High Middle Ages*. New York: Columbia University Press, 1969. Reprint, 1991.

Walker, D. P. *The Decline of Hell: Seventeenth-Century Discussions of Eternal Torment*. Chicago: University of Chicago Press, 1964.

Warner, Marina. *Alone of All Her Sex: The Myth and Cult of the Virgin Mary*. New York: Vintage, 1983.

Weinstein, Leo. *The Metamorphoses of Don Juan*. New York: AMS Press, 1957.

Westfall, Kichard S. *Science and Religion in Seventeenth-Century England*. Ann Arbor: University of Michigan, 1973.

Wolkstein, Diane and Samuel Noah Kramer. *Inanna, Queen of Heaven and Earth: Her Stories and Hymns from Sumer*. New York: Harper & Row, 1983.

Woolf, Rosemary. *The English Mystery Plays*. Berkeley and Los Angeles: University of California Press, 1972.

Young, Karl. *The Drama of the Medieval Church*. 1933. Oxford: Clarendon Press, 1967.

후주

제16장

1) 아우구스티누스는 지옥의 유한성을 주장하는 사람들에 대해 하느님의 자비를 잘못 이해했다고 비판했다. 그에 의하면 꺼지지 않는 지옥의 불길은 실제적이고 물질적이며, 모든 징벌은 영원한 것이다. 그럼에도 불구하고 아우구스티누스는 성서 본문에 의거하여(고린도전서 3장 13절~15절, 마태복음 12장 32절), 어떤 죄인들은 장차 올 세상에서 용서받을지도 모른다고 하기도 했다. 이들은 비록 그 심정에 있어서는 기독교인이지만, 세속적 사랑에 얽매인 사람들이다. 그들은 이 세상을 떠나면 '연옥불'로 정화될 것이라고 아우구스티누스는 주장했다.

*2) 1984년 미국판에서 르고프는 그 비판을 받아들여 환상 문학에 대한 새로운 부록을 덧붙이기도 했지만, 12세기까지 실제적인 연옥 개념이 없었다는 자신의 논지에서 후퇴한 것은 아니었다.

3) Bogomils : 중세 불가리아에서 번성한 이원론적 기독교의 한 파. 금욕적인 수행으로 그리스도의 완전성에 도달할 수 있다고 주장하지만, 구약의 내용을 거의 모두 부정하고 교회 조직에도 강력히 반대했다.

4) Waldensians : 1170년 이후 프랑스 리용의 상인 피에르 발도의 지도하에 프랑스 남부에서 일어나 16세기 종교개혁 운동에 참가한 기독교의 한 종파. 종종 카타르 파와 혼동된다.

5) Cathars : 마니 교의 영향을 받아 금욕주의를 내세운 중세 유럽의 이단 분파.

6) Albigensians : 11세기 프랑스 남부 알비 지방에서 일어났던 일종의 반 로마 교회파. 13세기의 이단자 척결을 위한 종교재판과 십자군 전쟁으로 소멸했다.

7) 성 프란체스코 회를 가리킴. 창설자 아시지의 프란체스코는 '중세의 그리스도'라 불릴 만큼 청렴한 생활을 했다. 젊어서는 한때 방탕하게 살기도 했으나, 중병을 앓고 신비체험을 한 뒤에는 그리스도의 명령을 따를 것을 결심, 평생 청빈한 생활을 했다. 12명의 추종자가 생기자 교황 이노센트 3세에게 수도회를 인정해 줄 것을 요청했다. 프란체스코 자신은 아무런 조직체도 만들려고 하지 않았으나, 추종자가 급격히 늘어나면서 그의 운동은 불같이 확산되었다. 하느님에 대한 사랑과 의지를 강조한 보나벤투라Bonaventure는 프란체스코 회에 속한 대표적 인물이다.

제17장

1) 피렌체 방언은 토스카나 어에 포함된다.

2) 베르길리우스는 세례받은 기독교인이 아니기 때문에 그의 영혼은 천국에 들어가지 못하고 림보에 머문다. 『신곡』에서 베르길리우스는 단테를 이끌고 지옥을 거쳐 연옥의 정죄산 꼭대기까지 간다. 그리고 천국의 입구에 이르면 단테를 지고한 영혼 베아트리체에게 넘겨 주는 것이다.

*3) 1990년 8월 28일자 「The Weekly World News」지는 소련의 서시베리아에서 석유 탐사를 위해 시추공사를 하던 기술자들이 9마일 깊이까지 팠을 때 거기에 지옥이 있었다고 전하고 있다. 그들은 연기 냄새가 나고, 비명 소리가 들려서 구멍을 덮어 버렸다고 한다.

4) 단테가 『신곡』에 적용하고 있는 천문학과 신학은 철저히 중세적인 것이다.

5) 「지옥편」은 아리스토텔레스(의 윤리학)에 기반을 둔 이론에 따라 무절제, 폭력, 사기의 세 가지 순서로, 연옥편은 정죄(情罪)하는 영혼들을 선과 악의 개념에 바탕을 둔 세 단계로, 천국편은 불완전한 영혼, 활동적인 영혼, 명상적인 영혼의 세 단계로 나눈다. 여기서 3이라는 숫자는 삼위일체 정신에 근거한 것이고, 10이나 그 배수는 완전함을 뜻한다.

6) 우유부단한 사람들은 파리와 벌레들에 계속 시달림만 당한다.

7) 「연옥편」 제28곡 이하에서 '레테의 강'은 연옥의 정죄산 꼭대기에 위치한 지상낙원earthly paradise을 흐르는 강으로 등장한다. 인간이 하느님의 의지에 복종하며 교회 군주국의 보편적인 권력들을 조화하면 행복을 누릴 수 있을 것이다. 그렇더라도 최고의 하늘인 정화천에 올라가기 전에는 지상의 죄를 잊어버리게 하는 '레테의 강'에서 몸을 씻고 선행의 기억을 새롭게 해주는 에우노에의 강물을 마시며 정화해야 한다.

8) "임금님께서 보신 환상은 이런 것이었습니다. 매우 크고 눈부시게 번쩍이는 것이 사람의 모양을 하고 임금님 앞에 우뚝 서있었습니다. 머리는 순금이요, 가슴과 두 팔은 은이요, 배와 두 넓적다리는 놋쇠요, 정강이는 쇠요, 발은 쇠와 흙으로 되어 있었습니다."

9) 이와 관련하여 「지옥편」 14곡을 인용하면 이렇다. "크레타 섬의 이다 산 한가운데에 키 큰 노인이 우뚝서서 거울을 대하듯 로마를 보고 있더라. 그 머리는 순금, 팔과 허리는 진짜 은인데, 가랑이까지는 구리로 되었더라. 그 아래쪽으로는 온통 무쇠이고, 오른발만이 구운 진흙으로 되어 있는데, 왼발보다 이것으로 버티고 서 있더라. 황금 이외의 다른 부분은 어느 것이든 송송 구멍이 방울져 흐르고 …(중략)… 마지막 더 내려갈 수 없는 곳, 코퀴토스에서 늪의 모양을 이루더라."

10) Seven Deadly Sins : 일반적으로 자만, 질투, 분노, 탐욕, 야망, 정욕, 나태를 일컫는다. 경우에 따라 약간씩 변형되어 나타나기도 한다.

11) Phlegyas : 마르스 신의 아들. 아폴론이 자기 딸 코로니테를 욕보이자 분노하여

델포이 신전을 불살라 버렸다. 그 죄로 죽임당해 지옥으로 떨어졌다.

12) Furies : 복수의 여신들. 그리스 이름은 에리뉘에스Erinyes. 로마 이름은 푸리아
이Furiae.

13) Inferno는 큰 불이라는 말에서 왔다.

14) Minotaur : 소 머리에 사람 몸을 한 괴물.

15) Centaurs : 반은 사람이고 반은 마귀로 된 괴물들.

16) Nessus : 헤라클레스가 독화살로 쏘아 죽인 괴물.

17) Harpies : 상반신은 추한 여자의 모습이고, 날개, 꼬리, 발톱을 지닌 새들.

18) Geryon : 뱀의 형상을 한 몸과, 사람의 모습을 한 머리가 각각 셋씩 달린 괴물.
기만의 표상이다.

19) 이곳은 이전 세계와는 다른 범주의 죄악을 다루는 곳이다. 제6환까지는 악의가
아닌 단순히 자제력 부족으로 저지른 죄목, 즉 '무절제'를 다스리고 있고, 제7
환은 타인에 대한 폭력, 자신에 대한 폭력, 하늘에 대한 폭력의 세 가지 폭력을
다루고 있는데 반해, 제8환부터는 사기와 기만 또는 '악의'로 저지른 죄악들을
다룬 것이다.

20) Malebolge : 이탈리아 어에서 male는 '악'을 의미하고, 'bolge'는 '주머니들'을
뜻한다. 단수는 'bolgia(주머니)'다. 악인들이 갇혀 있는 골짜기 모양이 마치 긴
주머니같이 생겼기 때문에 붙인 이름이다.

21) 중세 성사극의 악마들이 지녔던 익살이 여기서도 나타나고 있다. 탐관오리들을
끓는 역청 속에 던져 버릴 때의 경쾌한 동작, 역청 속에 빠진 사람이 몸을 솟
구쳐 다시 오르려 하면 다리에 몰래 숨어 있다가 백 개도 넘을 작살로 콱콱 찌
르면서 그를 조롱하고 약올리는 광경은 준엄하면서도 익살스럽게 보인다.

22) 준엄한 처벌 장면에 해학적 분위기를 더한 것은 어떤 의미에서 보면, 정의라는
것이 그렇게 명확하게 실행할 수 있는 것은 아니라는 작가의 견해를 보여 주는
것이다. 말하자면, 단테 자신이 당한 정치적 희생은 잘못된 것임을 보여 주기
위해서 해학을 사용했다는 것이다.

23) Antenor : 안테노르는 지모와 웅변이 뛰어난 트로이아의 고관이었는데, 등불을
신호로 목마를 열게 하여 결국은 트로이아의 매국노가 되었다. 호메로스는 『일
리아스』에서 그를 영웅시하였지만, 단테는 트로이아 인들을 옹호한 베르길리우
스의 견해를 따라 그를 매국노로 보았다.

24) 단테는 예수를 배반한 가룟 유다, 로마 황제 카이사르를 암살한 브루투스 그리
고 카시우스를 지상 최대의 배은 망덕자들로 보고 있다. 이 중 유다는 하느님
의 섭리를 거스르고 은인을 팔았기 때문에 그 죄가 가장 무겁다. 황제 중의 황
제인 카이사르를 죽인 브루투스와 카시우스는 신의 뜻에 따라 지상낙원을 완
성하려던 국가 권력에 반기를 들었으니 유다 다음 가는 중죄인이었다. 그래서
그들은 지옥의 제일 밑바닥에서 벌을 받고 있는 것이다. 이들은 거기서 루시퍼
의 이빨에 몸이 찢기고 발톱에 등가죽이 저며지는 참혹한 형을 당하고 있었다.

25) 이들 셋은 각각 증오, 무력, 무지를 표상했으니, 사랑, 권능, 지혜인 삼위일체 하느님에 대립하는 사탄의 삼위일체라 할 수 있다.

26) Lives of the artists(1550) : 미술사가 바사리Giorgio Vasari가 이탈리아 르네상스의 미술가 200여 명의 생애를 기록한 것으로, 미술사의 귀중한 자료다.

제18장

1) 사탄이 권력을 얻기 위해 반란을 일으킴으로써 벌어진 전쟁.

2) Romance : 전기(傳奇) 소설, 모험 소설, 공상 소설, 또는 연애 소설. 영웅적, 경이적인 위업, 다채로운 사건, 기사도적인 헌신, 기구한 체험, 또는 초자연적인 체험, 그 밖의 상상력에 호소하는 일들을 묘사하는 중세 문학.

3) 여기서 레Lai란 중세 프랑스 문학에서 씌어졌던 8음절 2행 연구(聯句)로 된 설화시(說話詩)로서, 모험이나 로맨스를 주로 다루었다.

4) 15세기, 영국 시인 헨리슨Henryson이 쓴 『오르페우스 이야기Tale of Orpheus』는 "무서운 지옥의 집hiddouss hellis house"이 등장한다. 오르페우스는 "정말 꺼림칙한 냄새stynk rycht odiuss" 때문에 그 집을 찾아낸다. 탈출은 불가능한 곳이다.

5) 일과문이나 성서구절 따위, 성무공과(聖務工課)의 내용과 순서를 적은 책.

6) imram : 고대 게일 어로 '정처없는 항해', 또는 '여행'이라는 뜻. 초기 아일랜드 문학 가운데 모험적인 항해를 다룬 설화. 이 유형의 설화에서는 다른 세계를 찾아 여행하는 이교도 영웅들의 전설적인 이야기뿐 아니라 아이슬랜드나 그린랜드로 여행하는 아일랜드 성자들의 이야기도 있다. 임람의 두드러진 예가 마법에 걸린 여인국 여행을 묘사한 『성 브렌단의 항해』다. 1년 정도의 시간이 흘렀다고 생각될 무렵 브렌단과 그의 동료들은 귀향하지만 그들은 그 항해가 사람들이 기억할 수도 없을 만큼 오래되었으며, 이제는 옛날 문헌에나 기록되어 있는 옛 사건임을 발견한다는 이야기.

7) Sibyl : 원래 트로이아 근처 마르페소스에서 아폴론을 섬기며 예언력을 얻은 여자의 이름이다. 그녀는 예언으로 명성을 얻었고, 그 후로 시뷜레라는 이름은 신탁을 고하는 무녀의 총칭이 되었다. 엘리트라이, 리비아, 쿠마이 세 곳의 시뷜레가 유명하다.

8) Acracia : 『오뒤세이아』에서 남자를 돼지로 만든 마녀 키르케처럼 아크라시아는 황홀한 미모로 남자들을 동물들로 만들어 파멸하게 한다.

9) Duessa : 아르크미아고의 공범으로 아름다움 뒤에 흉악함을 감추고 있다. 위선, 로마 카톨릭 교회, 스코틀랜드의 메리 여왕을 상징한다.

10) Avernus : 이탈리아 나폴리 부근에 있는 작은 호수로, 지옥입구였다고 알려져 있다.

11) Aesculapius : 고대 로마의 의약과 의술의 신으로서, 죽은 자를 살려내는 힘을 지닌 바람에 제우스의 노여움을 사서 벼락을 맞아 죽은 뒤 별이 되었다.

12) harlequin : 무언극이나 발레에서 가면을 쓰고 나오는 어릿광대.

13) Punch : 영국 인형극 펀치와 주디Punch-and-Judy-Show에 나오는 매부리코에 꼽추 주인공. 아이와 아내 주디를 죽이고 끝내는 교수형을 당한다.

14) Xerxes(기원전 519?~465) : 페르시아 왕(486?~465). 다리우스 1세의 아들로, 제3차 그리스 원정을 꾀하였다가 살라미스 만(灣)에서 대패했다.

15) 15세기에 주로 플랑드르와 프랑스 북부지방에서 발달한 예술분야에 속한 화가들. 이들의 그림은 주로 회화(繪畵) 양식이며, 선명한 윤곽, 사실적인 균형, 산뜻하고 차가운 색, 원근 화법을 채택한 것을 특징으로 했다. 플랑드르 지역은 르네상스 시대에는 음악과 미술의 중심지 가운데 하나였다.

16) Hieronymous Bosch(1460~1516) : 네델란드의 화가. 이상한 괴물, 납 속의 유령, 텅 비어 있는 눈과 특이한 몸을 가진 사람 등 무서운 지옥 세계를 잘 그렸다. 뛰어난 상상력으로 여러 그림을 그렸는데, 「지복의 정원Garden of Earthly Delights」, 「성 앙투안의 유혹」등이 유명하다. 초현실주의의 선구자로서, 처음보다는 나중에 높은 평을 받으면서, 브뤼겔을 비롯한 여러 화가들에게 영향을 끼쳤다.

17) Venusberg : 독일 중부에 있는 산. 중세 전설에 의하면, 이 산의 한 동굴에 베누스의 궁전이 있었다.

18) Land of Cockaigne : 사치와 미식을 누리며 나태한 생활로 나날을 보내는 환락의 나라.

제19장

1) 정신은 선, 물질은 악이라는 이원론에 따라, 물질적 육체를 혹사함으로써 선한 정신을 추구했던 사막의 금욕적 은수자들을 염두에 두고 한 말.

2) double predestination : 한 인간이 '구원'을 받을지 '파멸'당할지 하는 양 극단의 문제는 태초부터 정해져 있다고 보는 교의. 그냥 예정설이나 예정론이라고도 말한다.

3) Anabaptist : 1520년 이후 유럽에서 일어난 여러 프로테스탄트 분파들 가운데 하나로, 유아들은 아직 신앙을 가질 수 없기 때문에 유아세례는 무효이며, 믿음에 따라 다시 세례를 받아야 한다고 주장했다.

4) 조건부 예정론은 그리스도의 죽음이 선택받은 사람들만이 아닌, 모든 이를 위한 죽음이라는 점을 강조한 데서 나온 결론이다.

5) '모든 것을 만든 이'라는 뜻으로, 영지주의적 조물주를 풍자한 것이다. 라블레의 『가르강튀아와 팡타그뤼엘Gargantua and Pantagruel』에 나오는 주인공이며, 팡타그뤼엘 왕의 똑똑하고 교활한 측근.

6) Edward Alleyn(1566~1626) : 파우스투스 역을 처음으로 맡은 영국 배우다.

*7) 이 긴 독백은, 신학적으로는 목표를 제대로 겨냥한 대사이다. 하지만 영국에서 종교극 상연이 금지된 데 대한 직접적 책임이 여기에 있다고 나는 확신한다.

이 독백은 당시로서는 지나치게 선동적인 성격을 띠었던 것이다. 1616년에 이르러서야 영국의 연극 무대에 악마가 다시 등장하기 시작했는데(햄릿의 죽은 아버지의 망령을 포함하지 않는 경우를 말한다), 그것도 벤 존슨Ben Jonson(1572~1637)의 가벼운 희극『악마는 당나귀The Devil Is an Ass』의 경우처럼 종교적 색채는 전혀 없었다.

8) Queen Mab : 아일랜드 민화에 나오는 요정으로 인간의 꿈을 지배하고, 또 꿈을 꾸게 하는 따위의 장난을 치기 좋아한다 .

9) mousetrap : 햄릿이 숙부 클로디어스와 어머니인 거트루드 왕비를 시험해 보려고 순회 극단의 배우들에게 공연하게 한 연극 제목. 이 연극은 베네치아의 어느 공작을 살해한 사건을 다룬 것인데, 공작의 미망인이 나중에 그 살해범과 결혼한다는 내용이다. 이 이야기는 바로 햄릿의 선왕이 살해당한 것와 매우 비슷한 데가 있었다. 극을 보고 초조해하는 클로디어스 왕과 왕비의 안색과 동정을 살핀 결과 햄릿은 아버지의 망령이 한 말(부왕이 햄릿의 숙부 클로디어스에게 살해당했다는 것)이 진실이라고 확신한다.

10) Richard Ⅲ : 자신이 왕이 될 때까지 야망과 잔악한 성품을 감추고 흉계를 꾸미는 위선자.

11) Goneril : 리어 왕의 맏딸로 왕권을 찬탈하려고 음모를 꾸민다.

제20장

1) 로욜라가 성찰을 바탕으로『영신수련Spiritual Exercises』을 쓰고, 이것을 주위 사람들에게도 읽히려고 했는데, 스페인 교회에서는 내용을 문제삼아 그 책을 평신도가 읽지 못하게 했다.

2) baroque arts : 17세기부터 18세기 전반에 걸쳐 주로 이탈리아, 중부 유럽, 서부 알프스 산맥 북부에서 발달한 예술과 건축양식이다. 과장된 장식을 특징으로 한다.

3) Bruno, Giordano(1548~1600) : 이탈리아 철학자. 도미니코 회 수도사였으나 이단으로 몰려 수도회를 탈퇴하고 이탈리아에서도 추방되어 각지를 떠돌았다. 몇 년 후 고국으로 돌아왔으나 베네치아에서 체포되었고 여러 해에 걸친 이단재판 끝에, 결국 로마에서 화형당했다. 브루노는 아리스토텔레스 철학을 비판했을 뿐 아니라, 코페르니쿠스의 지동설을 지지했다.

4) cherub : 9품 천사중 제 2위로 지식의 천사智品天使. 보통 날개 있는 귀여운 어린이 모습이나 날개 돋힌 어린이 머리로 상징된다. 공동번역에는 '거룹'으로 나온다.

*5) 버틀러E. M. Butler가『파우스트의 운명The Fortunes of Faust』(1952)에서 편집한 연대기적 고찰에 따르면, 돈 후안에 관계된 극은 30여 편이 넘고, 음악적이든 아니든 파우스트를 그리는 것들은 40여 편이 넘는다(작곡가들은 괴테가 그레트헨 이야기를 첨가한 다음에야 파우스트에게 관심을 기울이게 되었다고 한

다). 물론 이 수치에는 18세기와 19세기에 반(半)즉흥적으로 만든 꼭두각시극
들은 들어 있지 않다. 이것들을 빼고도 괴테 이후에 나온 독일의 『파우스트』들
은 오십 편이 넘는다고 버틀러는 말한다.

제21장

1) Mulciber : 고대 로마의 화신(火神). 불카누스에 덧붙인 이름으로서, 녹여버리는
   자Melter라는 뜻이 있다 .
2) Ormus : 페르시아만 어귀의 한 섬에 있는 도시, 금이나 은같은 보석 시장으로
   유명하다 .
3) Alp : 모든 높은 산을 가리킴. 알프스에서 나온 역성어(逆成語).
4) Chimera : 사자 머리, 염소 몸, 뱀 꼬리를 하고서 불을 뿜는 괴물 .
5) Primum Mobile : 프톨레마이오스 천문학에서의 제10천(天). 지구를 중심으로
   하여 우주를 구성하는 열 개의 동심원구(同心圓球)의 가장 바깥쪽 층으로서 24
   시간에 지구를 일주하며, 그것이 모든 천계운행의 운동력이 된다고 생각했다.
6) 예수께서 이렇게 대답하셨다. "앞으로 많은 사람이 내 이름을 내세우며 나타나
   서 '내가 바로 그리스도다!', 또는 '때가 왔다!'고 떠들더라도 속지 않도록 조심
   하고 그들을 따라 가지 말라."
7) Pandemonium : 밀턴이 지옥의 수도에 붙인 이름.

제22장

*1) 코페르니쿠스는 폴란드 인이었고, 티코 브라헤Tycho Brahe는 덴마크 인, 브루
    노와 갈릴레이는 이탈리아 인, 케플러는 독일인, 디John Dee는 영국인이었다.
2) deist, deism : 이신론자, 이신론(理神論). 자연신론이라고도 한다. 세계의 창조
   자인 신은 세상 일에 관여하거나 계시를 보이지 않으며, 세계는 독자적인 법칙
   에 따라 움직인다고 하는 이성적인 종교관을 가리킨다. 18세기 계몽주의 시대
   에는 대표적인 기독교 사상이 된다.
3) "저 땅 밑 저승은 너를 맞기 위하여 들떠 있고, 한 때 세상을 주름잡던 자들의
   망령을 모두 깨우며 모든 민족의 왕들을 그 보좌에서 일어나게 하는구나."
*4) 독일 천문학자인 요하네스 헤벨리우스Johannes Hevelius(1611~1687)는 창조의
    순간을 기원전 3963년 10월 24일 오후 6시라고 측정했다.
5) Socinians : 파우스투스 소치니Faustus Socinus(1539~1604)와 라엘리우스 소치니
   Laelius Socinus(1525~1562)의 신봉자들. 삼위일체설, 그리스도의 신성, 원죄 등
   기독교의 전통적 교리들을 인정하지 않는다. 그리스도는 기적적으로 탄생한 사
   람으로서 그 여러 가지 덕을 인정하는 사람만이 구원받는다고 한다. 두 사람
   모두 이탈리아 프로테스탄트 신학자이며 종교 운동가다.
*6) 소치니파 교도들이 내세, 또는 그것의 부재에 대해 어떤 믿음을 갖고 있었는지
    는 매우 모호하다. 알비 지방에서 진행된 십자군 전쟁 동안 그들은 원래 이름

보다는 오히려 마니 교도로 통했다. 워커D. P. Walker의 『지옥의 쇠락The Decline of Hell』(1964) 제5장을 참조할 것.

제23장

1) Harlequin : 판토마임 극의 주역, 어릿광대.
2) Scaramouche : 고대 이탈리아의 즉흥 희극이나 소극(笑劇)에 나오는, 허세만 부리는 익살꾼 역.
3) Drury Lane : 영국 런던 거리의 이름. 몇몇 극장으로 유명하다. 헨리 8세 때 윌리엄 드루리 경Sir William Drury이 그 곳에 세운 집의 이름이다
4) Punch and Judy : 곱사등이에다가 매부리코인 괴상한 얼굴의 광대 펀치와, 그의 아내 주디가 엎치락 뒤치락 요란한 연극을 벌이면서 겪는 갖가지 희비극적인 사건을 다룬 인형극.
5) Congregationalist : 각 교회가 독립자치의 원칙에 서서, 상부의 지배를 거부하는 조합교회의 신도.

제24장

1) Emanuel Swedenborg(1688~1772) : 스웨덴의 자연과학자, 신비가. 오랫동안 수학과 자연과학을 연구했는데, 1743년 처음 영계를 보는 체험을 한 후, 자연과학 연구를 포기하고 심령 연구에 몰두했다. 인간은 영계에 싸여 있고, 천사나 악마가 인간들에게 작용한다고 믿었으며, 천사와 여러 영들과의 대화를 통해 천계와 지계에 대한 자세한 설명을 하기도 했다. 새 예루살렘 교회를 창설했다.

제25장

*1) 에머슨에 따르면, 평소 논쟁을 즐기던 나폴레옹은 지옥의 존재를 부인했다. 많은 사람들이 지옥이야말로 나폴레옹의 고향이라고 믿었기 때문에, 나폴레옹 자신은 지옥을 부정하는 것이 상책이었다.

제26장

1) Strum und Drang era : '질풍노도의 시대'라는 뜻으로 18세기 후반 독일에서 종래의 합리주의와 계몽주의에 대한 반동으로 일어난 문학혁명 운동이다. 특히 희곡과 시에서 활발하게 일어났는데, 개성의 존중, 감정의 자유를 부르짖고, 부친 살해, 유아 살인, 근친상간, 독살 등 반사회적인 테마를 택해, 본능과 충동을 강렬하게 토해냈다.
*2) 베를리오즈, 보이토, 구노, 슈만, 리스트, 말러 같은 낭만파 작곡가들이 전부 『파우스트』에 매달렸는데, 리스트와 말러는 교향곡으로 만들었다. 바그너 역시 직접적이지는 않았지만 파우스트의 영향을 받았다. 괴테 자신은 낭만주의적 접근에 마음을 쓰지 않았고, 모차르트가 그것을 음악으로 작곡하지 못한 것을 애

석해했다. 그는 모짜르트의 『돈 지오반니Don Giovanni』에 큰 감동을 받고서, 실제로 『마적The Magic Flute』의 속편을 만들었다. 그리고 『마적』은 『파우스트』 제2부 전반부 「헬레네」에 영향을 준 것으로 보인다.

3) 헬레나와 파우스트의 아들인 오이포리온이 부모의 주의에도 아랑곳하지 않고 하늘을 날아 오른다면서 공중에 몸을 던졌다가 떨어져 죽는다. 이 오이포리온의 피끓는 정열은 자유분방한 시인 바이런을 연상하게 한다.

4) Classical Walpurgis Night : 고대 그리스의 밤의 축제다. 여기서 '고전적'이라 함은 제1부의 '발푸르기스의 밤'이 북방적, 독일적, 낭만적인 데 비해서, 이것은 남방적인 고대 그리스의 축제임을 가리키기 위한 것이다. 여기에는 스핑크스, 반인반마의 케이론, 바다의 요녀 세이렌 등이 나온다. 북방의 악마 메피스토펠레스는 요마들에게 성적인 매력을 느끼지만 그들에게서 농락만 당한다. 드디어 추악한 괴물 포르기스를 만나서 반한 메피스토는 남방의 요물들에게서 따돌림을 받지 않고 파우스트를 기다리기 위해 포르기스의 몸으로 변신한다.

5) 신과 메피스토펠레스가 파우스트의 영혼을 둘러싸고 내기를 하는 장면에서 하느님은 메피스토펠레스가 파우스트를 유혹하도록 허락하면서 "훌륭한 인간은 설사 유혹에 쫓기더라도 올바른 길만은 결코 잊지 않는다. 노력하는 동안 인간은 방황하고 헤매게 마련이다."라는 말을 한다. 이것은 태만해지기 쉬운 인간을 자극하기 위해, 악마의 존재를 인정하고 있기는 하지만, 최종적으로는 파우스트가 악마의 손에 넘어가지 않고 구제받는다는 작품 전체의 테마를 암시하는 말이다.

6) putti(putto)는 르네상스 시대 미술에 자주 등장하는, 토실토실하게 살찐 나체의 귀여운 어린아이 상을 가리키고, amoretti(amoretto)는 로마 신화의 쿠피도를 가리킨다. 이 둘은 같은 의미로 사용되는 일이 많다.

7) 중세 기적극은 마리아의 중재와 구원, 정죄의 메커니즘을 지닌다.

8) 이제 그레트헨은 1부의 범상함을 벗고, 정화한 여성, 거룩하고 영원한 사랑을 표상하는 '영원한 여성'으로 등장하여 천상의 높은 곳으로 파우스트를 인도하는 역할을 자청한다.

제27장

*1) 블레이크와 캐서린의 결혼 생활은 행복했다. 다음과 같은 유명한 일화 하나가 있다. 이웃 사람이 어느 날 그의 집을 방문했는데, 블레이크와 캐서린이 벌거벗은 채 정원에 앉아서 밀턴의 『실락원』을 읽고 있었다. 손님이 들어오자 블레이크는 "어서 오세요, 우린 아담과 이브랍니다." 하고 소리쳤다고 한다.

2) 블레이크는 죽은 동생에게 영감을 받아 부조(浮彫) 에칭으로 인쇄한 뒤, 손바닥으로 채색하는 특이한 채색 인쇄법을 고안했다. 이 방법으로 출판한 시집들은 다른 시인에게서는 볼 수 없는 희귀한 것이다.

3) 사대(四大) 원소 : 고대 사람들이 물질계를 구성한다고 생각했던 네 가지 기본

물질인 흙(地), 물(水), 불(火), 바람(風).

4) The Rime of the Ancient Mariner : 콜리지가 환상적인 꿈에서 영감을 얻어 쓴 긴 민요시. 배를 따라 왔던 새(알바트로스)를 죽인 죄로 무서운 고통을 겪은 한 선원의 이상한 모험 이야기.

5) absinthe : 쓴 쑥wormwood으로 만든 독한 술로, 환각을 일으킨다.

6) Paul Verlaine(1844~1896) : 프랑스의 상징파 시인. 랭보와의 동성애로 유명했으며, 브뤼셀에서 랭보를 권총으로 쏜 사건으로 투옥된 적이 있다. 음주, 동성애, 이혼, 빈곤, 병고 등 온갖 덕과 부도덕, 영과 육이 교차된 생애를 보냈으나, 이들 사이에서 고민하면서 오히려 우아한 형식과 미묘한 시풍을 갖게 되었고, 이를 기조로 한 시들을 발표해 각광을 받았던 시인이다.

*7) 비틀즈는 그들의 1967년 노래「Lucy in the Sky with Diamonds」는 마약과 아무런 관련이 없다고 항변했다. 그럼에도 불구하고 이 곡은 아마도 어린이용이라고 할 만한, 완벽한 환상여행의 축소판이다. (Lucy in the Sky with Diamonds의 머리글자인 LSD는 마약의 일종이다.)

8) Oscar Wilde(1856~1990) : 영국의 시인, 극작가, 소설가. '예술을 위한 예술'을 추구하는 '탐미주의'를 주장했고, 소설 『도리언 그레이의 초상The Picture of Dorian Gray』은 그의 경향을 대변한다. 동성연애를 했다는 혐의로 투옥되기도 했다.

9) Aubrey Beardsley(1872~1898) : 영국의 삽화가, 작가. 인생, 사회의 정경을 장식적인 곡선을 구사하여 병적, 호색적, 환상적으로 예리하게 표현하였다. 유명한 삽화로는 오스카 와일드의『살로메』를 그린 것이 있다.

10) Christina Rossetti(1830~1894) : 영국의 여자 시인. 일찍부터 '라파엘로 전파'의 기관지인『Germ』에 시를 발표했으며, 17세기 종교시인들의 가장 순수한 운문을 회상하게 하는 종교시를 주로 썼다. 죽음과 영원한 안식과 세상의 무상에 대한 생각을 나타낸 짧은 시에서 서정적인 재능과 선율에 대한 감각, 작시(作詩) 능력을 보여주었다 .

11) Dante Gabriel Rossetti(1828~1882) : 영국의 시인, 화가. 르네상스 말기의 인습적인 예술을 배척하고 라파엘 이전의 지오토, 보티첼리같은 청신하고 개성적인 예술로 복귀할 것을 주창했던 '라파엘로 전파pre-Raphaelites'를 확립한 사람 가운데 하나다. 이 파에서는 당시의 시대정신과 과학만능의 풍조에 반동하는 낭만주의적 복귀운동을 펼쳤다. 그는 그 파 가운데서도 현실 도피적, 향락적, 관능적인 유미주의 화가로 유명하다. 대표작은 연애시「생명의 집The House of Life」이다.

12) '라파엘로 전파'를 일컬음.

*13) 안데르센이 북유럽 우화에 루터식 도덕주의를 접합한 것은 뭔가 낯설고 부자연스러워 보인다. 따라서 20세기에 안데르센이 혹평받는 것도 무리가 아니다. 안데르센이 쓴 지옥 이야기『빵 위를 걷는 소녀The Girl Who Trod on a Loaf』

는 인상적인 작품이지만 동시에 불쾌한 느낌을 지울 수 없다.

14) id : 본능적 충동의 원천.

15) 『도리언 그레이의 초상The Portrait of Dorian Gray』(1891)의 주인공. 젊고 매력 있는 주인공은 자기 집 꼭대기에 있는 방에 자신의 넋이 담긴 초상화를 가지고 있었다. 쾌락을 추구하던 자신은 늙어감에 따라 사악해지고 타락하는데도, 얼굴은 늙지 않고 그대로였다. 하지만, 그림 속의 얼굴은 자신이 얼마나 늙고 추악한지를 보여 주면서 차츰차츰 변해가기 시작했다. 그는 나중에 악행을 후회하면서 초상화를 칼로 찢었는데, 죽은 것은 오히려 자신이었고, 뒤에는 아름다움에 빛나는 초상화만이 남았다.

제29장

1) 융의 이론에 따르면, 인간 안에는 자기가 의식하는 의식의 층이 외곽에 있고, 그 밑에는 개인이 태어난 뒤 체험한 것 가운데 억압받거나 잊혀져서 이룬 개인적인 무의식의 층이 있으며, 내면의 가장 깊은 심층에는 태어날 때부터 이미 가지고 나오는 집단적 무의식collective unconsciousness이 자리잡고 있는데, 이 집단적 무의식이야말로 태고부터 인류가 해 온 경험의 총합으로서 모든 인간이 경험하는 선험적이고 근원적인 것이라는 것이다. 이 집단적 무의식 속에 저장되어 있는 것이 원형archetype으로서, 시공과 문화권을 초월하는 보편적인 것이고 근원적인 유형(패턴)을 낳게 하는 조건 내지는 가능성이다. 원형은 그 자체로는 알 수 없으며, 상징이나 신화 이미지를 통하여 표현함으로써 알게 된다. 융은 다양한 문화권에서 근원적인 의미를 지닌 공통적인 상징들이 발견되는 이유를 여기서 찾았으며, 프로이트가 종교를 부정적으로 보았던 것과는 달리, 종교는 창조성의 원천으로서 인류의 위대한 자산이라고 보았다.

2) Catch-22 : 일반적으로 'Catch-22'란 피할 길 없는 부조리한 상황이나 딜레마, 사람을 옭아매는 함정이나 덫을 뜻한다.

3) 『황무지The Waste Land』(1922) : 복잡한 테크닉과 병적인 정확성으로 각국어를 섞어서 환멸과 증오와 불안에 빠진 제1차 세계대전 이후, 유럽 문명의 정신 풍토를 묘사한 작품으로 염세적인 세계관을 반영한다.

찾아보기

(ㅎ)

하가다Haggadah 99
하데스Hades 56, 57, 58, 59, 60, 62, 63,
    64, 66, 67, 69, 70, 71, 75, 78, 90, 97,
    102, 116, 134, 135, 166, 196, 197,
    307, 308, 327, 333, 346, 410, 451,
    456, 459
패취Patch, Howard Rollin 30, 492
핼리Halley, Edmund 410
햄릿Hamlet 366, 367, 368, 369
헤라클레스Heracles 59, 63, 64, 66
헤르메스Hermes 59, 60, 67, 71, 85
헤스페리데스Hesperides 31
헤시오도스Hesiod 56, 57, 67, 99, 312,
    384
헤카테Hecate 70
헬레네Helen 63, 102, 357
호루스Horus 44, 63
호메로스Homer 24, 56, 57, 60, 67, 71,
    72, 85, 313, 320
화이트필드Whitefield, George 431, 432,
    471, 472
환상문학vision literature 162, 172, 176,
    182, 189, 191, 193, 198, 201, 320,
    324, 325, 327, 435, 436
환상체험 179, 298
훌루푸 나무Huluppu-Tree 39, 40
흄Hume, David 408, 417, 418, 424,
    426, 433

옮긴이 이찬수는 서강대 대학원 종교학과에서
종교학 석사학위와 신학 석사학위를 받은 뒤
불교와 그리스도 교를 비교하는 논문으로 박사학위를 취득했다.
현재 동국대, 한양대, 감신대 등에 출강 중이다.
지은 책으로는『종교신학의 이해』(분도출판사)가 있고,
옮긴 책으로는『화엄철학』(경서원)『토라의 길-유대 교 입문』(민족사),
『절대를 찾아서』(전망사)『불교와 그리스도 교를 잇다』(분도출판사) 등이 있다.
그밖에「대승기신론의 신심론」「그리스도 론과 종교간 대화론」
「칼 라너의 신神체험과 니시타니 케이지의 공체험」
「문화-신학간 대화의 선적 구조」등의 논문을 발표했다.

지옥의 역사 II

지은이	앨리스 K. 터너
옮긴이	이찬수
펴낸이	백규서
펴낸곳	도서출판 동연
등록번호	제2-1383호
등록일	1992. 6. 12
주 소	서울 성동구 옥수동 275-2
전 화	영업부298-7072 / 편집부299-2725 (팩스298-4588)
이 - 메일	dongyeun@dongyeun.com
홈페이지	www.dongyeun.com
초판인쇄	1998. 3. 20
초판발행	1998. 3. 25
가격	9,000원

ISBN 89-85467-16-6
ISBN 89-85467-14-x (세트)

THE HISTORY OF HELL

Alice K. Turner

copyright ⓒ 1993 by Alice K. Turner

Korean edition published by arrangement with
Harcourt Brace & Company
through SHIN WON AGENCY Co., Seoul

Translation copyright ⓒ 1998 by DONG YEUN PUBLISHING Co.